लॉकडाउन का रोज़नामचा

लॉकडाउन का रोज़नामचा

संस्मरण-संग्रह

डॉ. विष्णु सक्सेना

अंजुमन प्रकाशन

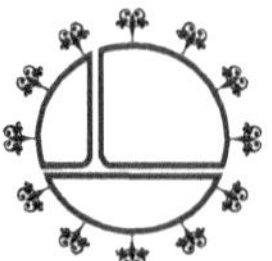

अंजुमन प्रकाशन

942, मुट्ठीगंज, प्रयागराज-3 उत्तर प्रदेश, भारत
www.anjumanpublication.com
contact@anjumanpublication.com

प्रथम संस्करण अंजुमन प्रकाशन द्वारा 2021 में प्रकाशित

ISBN : 978-93-88556-65-1

कोरोना काल में रत सभी योद्धाओं
(चिकित्सा कर्मियों, सफाई कर्मियों, पुलिस कर्मियों)
को समर्पित

रोज़नामचा से पहले

यह महज एक किताब नहीं, एक दस्तावेज है उस मुश्किल घड़ी का जो भारत ही नहीं पूरी दुनिया पर एक साथ आयी। स्वप्न में भी नहीं सोचा था कि जिसका जीवन कविताओं के साथ गुजरा है, वह गद्य में भी कुछ लिख पायेगा। इसे लिखने का विचार लॉकडाउन 1 की घोषणा के 2 दिन बाद आया इसलिए जनता कर्फ्यू यानी 22 मार्च के बाद का पूरा मंजर मस्तिष्क में उतारा और लिखना आरम्भ करके फिर वहाँ से निरंतर किया। काम इतना आसान नहीं था जितना आरम्भ में मैं समझ रहा था। एक जगह बैठकर चारों तरफ के हालात को एकत्र करना, फिर लिपिबद्ध करना कठिन था। अगर मैं मार्केट में जाता या लोगों के पास बैठता तो लॉकडाउन के नियमों का उल्लंघन हो सकता था, सोशल डिस्टेंस का पालन नहीं हो पाता, मेरे स्वास्थ्य के लिए भी खतरा हो सकता था; इसलिए एक जिम्मेदार नागरिक होने के नाते मुझे नियमों का पालन भी करना था। कुछ दिनों तक तो टीवी पर हालात देखने को मिलते रहे, लेकिन लगातार कोरोना की भयावह तस्वीरें देख देखकर टेलीविजन से भी ऊब होने लगी। फिर अन्य माध्यमों से तमाम हालात का डाटा इकट्ठा करना, फिर उसे रोचक भाषा में लिखने के इस प्रतिदिन के काम ने मेरी ऊर्जा को पंख लगा दिये तथा जो लॉक डाउन के काल में मन में उदासीनता, तनाव और विषाद हो सकता था उसे भी दूर करने में मुझे बहुत बड़ी मदद मिली। पूरे दिन के हालात को क्रमबद्ध शाम तक डायरी में लिखना, शाम को टाइप करना, फिर उन्हें मेल पर सेव करना ये मेरी नित्य चर्या बन गयी। लॉक डाउन-1 के बाद मुझे लगा इससे अधिक चल नहीं पायेगा, सब सामान्य हो जाएगा; लेकिन नहीं हुआ... तभी लॉक डाउन-2 की घोषणा हो गयी। मेरा डायरी लिखना जारी रहा। लॉकडाउन-3 को लिखना मेरी विवशता बन गयी, क्योंकि जो निराशा लोगों के चेहरे पर शुरू में जिस तरह

आयी थी वह आशा बनकर किस तरह लौटी; इसका विवरण अगर समाहित न होता तो यह सब लिखना व्यर्थ हो जाता। मुस्कानें छोड़कर सिर्फ उदासियाँ ही लिखना व्यक्ति को नकारात्मक बनाता है इसलिए इसको भी लिखना ज़रूरी-सा लगने लगा। पूरी तरह सोच रखा था इसके बाद इतिश्री हो जायेगी लेकिन केंद्र ने लॉकडाउन 4 भी घोषित कर डाला। जिंदगी को वापस पटरी पर भी लाना था इसलिए बहुत सारी छूटों के साथ केंद्र ने राज्यों के हाथ में सारे अधिकार दे दिये इसलिए मैंने भी लॉकडाउन-4 को संक्षिप्त करके इस पुस्तक को पूर्ण किया।

इसमें मैंने कोरोना से सम्बन्धित कविताएँ, टिप्पणियाँ, रोज का कोरोना मीटर तथा एक प्रसिद्ध व्यक्ति का साक्षात्कार भी समाविष्ट किया। इससे पूरी पुस्तक को लिखने में मुझे बहुत वक्त लगा; लेकिन मुझे विश्वास है पाठकों को पढ़ने में यह बहुत रोचक लगेगी।

स्टे सेफ स्टे होम... गेट वेल सून ...

धन्यवाद
आपका

(डॉ. विष्णु सक्सेना)

लेखकीय

विद्यार्थी जीवन में खूब कहानियाँ लिखीं जो आकाशवाणी से प्रसारित हुईं। खूब नाटक लिखे जो अभिनीत हुए, खूब सारे लेख लिखे जो विभिन्न पत्र-पत्रिकाओं में प्रकाशित भी हुए। गद्य लेखन के नाम पर बस इतनी-सी कमाई की थी हमने। एक समय बाद कविता की तरफ ऐसा मुड़े कि फिर पीछे मुड़कर नहीं देखा। मुक्तक, गजलें, गीत लिखने में ऐसे रम गये कि गीत लिखना सामान्य कार्य लगने लगा लेकिन जब यदा-कदा अच्छे अच्छे कहानीकारों, लेखकों की कहानियाँ और लेख पढ़ने का अवसर मिलता तो लगता कि गद्य लिखना भी पद्य लिखने जैसा ही दुष्कर कार्य है, लेकिन इस कोरोना काल ने हमारा छूटा हुआ शौक भी पूरा कर दिया। जब चारों तरफ इस महामारी के कारण लोग त्राहि-त्राहि कर रहे थे; हम सबको अपने घरों में कैद होकर भी हर समय ऐसा लग रहा था कि कहीं कोरोना वायरस की चपेट में न आ जाएँ। उस समय की मानसिक स्थिति को सामान्य रखने के उद्देश्य से मैंने कोरोना महामारी पर एक डायरी-नुमा पुस्तक लिखने का मन बनाया। तीन माह के लॉकडाउन में कैसे धीरे-धीरे लोग घरों में बंद हुए और यह लॉकडाउन धीरे-धीरे कैसे अनलॉक में बदला वो सब क्रमशः लिख डाला। रोजाना की गतिविधियाँ घर की, मोहल्ले की, सड़कों की, शहर की, जिले की, प्रदेश की, देश की और पूरे विश्व की रोजाना की अपडेट को एकत्र करना, फिर उनको सुबह से लेकर शाम तक लिखना, रात को टाइप करना और अंत में इसे सेव करना मेरा रोज का यह क्रम बन गया। कहीं यह डायरी उबाऊ न हो जाए इसलिए समाचार पत्रों, टीवी के चैनल्स तथा मित्रों के व्हाट्सएप ग्रुपों ने इस डायरी को रोचक बनाने में बहुत सहारा दिया। बीच-बीच में कला जगत, काव्य जगत और राजनीति के सेलिब्रिटीज से फोन वार्तालाप कर

उनसे साक्षात्कार लेता था, उनसे वार्तालाप करके मालूम करता कि ये कठिन समय वह कैसे गुजार रहे हैं इस डायरी में उनके अनुभवों को भी लिखा।

जीवन में महामारी पहली बार देखी तो इसका आँखों देखा हाल अगर लिपि बद्ध हो जाए तो एक दस्तावेज तैयार हो जायेगा, इस उद्देश्य से इस दुष्कर कार्य को करने में मेरे मन को पंख उस समय और लग गये जब अंजुमन प्रकाशन प्रयागराज के मालिक वीनस अंजुम ने इसे छापने का आश्वासन मुझे दे दिया।

कहने का अभिप्राय यह है कि यह 'रोजनामचा कोरोना कालका' एक कठिन समय का दस्तावेज है। इसे लिखने में जिन-जिन लोगों का मुझे सहयोग मिला चाहे वह कवियों की कविता हो, लेख हो चुटकुले हों या सेलिब्रिटीज सभी का हृदय से आभारी हूँ। सबसे अधिक आभारी हूँ अंजुमन प्रकाशन प्रयागराज का जिन्होंने इसे पुस्तक का आकार देकर आप तक पहुँचाया है।

साभार।

(डॉ. विष्णु सक्सेना)
सिकंदराराऊ (हाथरस)/ ग़ाज़ियाबाद
मोबाइल- 9412277268,7017823400

अनुक्रम

लॉकडाउन की
पूर्व-पीठिका

महामारी किसे कहते हैं?

जब किसी रोग के लक्षणों का प्रकोप पूर्व की अपेक्षा और भयंकर हो जाता है तब उसे महामारी या जानपदिक रोग या EPIDEMIC कहते हैं। इसका एक स्थान तय होता है या यह कहें कि यह एक स्थान पर सीमित होती है; किंतु यदि यह दूसरे देशों में और दूसरे महाद्वीपों में भी फैल जाए तो इसे सार्वजनिक यानी PENDEMIC कहते हैं।

रोकने के उपाय

डब्ल्यूएचओ के अनुसार महामारी को फैलने से रोकने का एकमात्र उपाय है इसकी जाँच कर इसकी शुरूआती पहचान कर ली जाय। जो भी संक्रमित रोगी हों उनको एकांत में रखें, उनकी साफ-सफाई का ध्यान रखा जाए, जितना जल्दी से जल्दी हो सके इसके उपचार की तैयारी करें, सोशल डिस्टेंसिंग का पूरा ध्यान रखें।

कोरोना वायरस के फैलने के मामले में जिन देशों ने शुरू से सजग होकर जाँच शुरू कर दी, सोशल डिस्टेंस के लिए मॉल, स्कूल, कॉलेज, होटल आदि बंद कर दिये, वर्क फ्रॉम होम शुरू कर दिया, वह देश कोविड-19 की भयावहता से बच गये। जिन लोगों ने लापरवाही कर दी और शुरू से लॉकडाउन न करके इसे मजाक में लेते रहे वह कुछ दिनों बाद इस संक्रामक रोग से कराहते नजर आये। उनके यहाँ लाशों को उठाने वाले पैदा नहीं हो रहे हैं, वो घरों में सड़ रही हैं। मकानों से रोने-चीखने की आवाज़ें आ रही हैं, कोई मदद को आने को तैयार नहीं है।

कोरोना वायरस एक बड़ी चुनौती है विश्व भर में। ऐसी त्रासदी सौ साल बाद आयी है। यह संयोग ही कहेंगे कि दुनिया पिछले चार सौ साल में चार बड़ी त्रासदी का सामना कर चुकी है। इंसान के लिए यह बीमारी चुनौती भी लेकर आती है और हर बार इंसान को महामारी से बचने के लिए दवा खोजनी पड़ती है।

सन् 1720 में पूरी दुनिया में पहली बार प्लेग फैला था, इसे ग्रेट प्लेग ऑफ मारसिले कहा जाता है। मर्सिले फ्रांस का एक शहर है। इसमें बड़ी संख्या में लोग मारे गये। भारत में प्लेग की शुरूआत 1815 में हुई, 1998 में भी इसका असर रहा। 1994 में गुजरात के सूरत शहर से शुरूआत हुई। सुबह एक मरीज की मौत हुई, उसी शाम सूरत के ही वेडरोड से 10 मौतों की खबर आयी। सात दिन के अंदर सूरत की लगभग 25 फ़ीसदी आबादी शहर छोड़कर चली गयी। प्लेग चूहों में पल रहे पिस्सुओं से होती है जब बड़ी संख्या में चूहे मरते हैं तो ये पिस्सू उनका शरीर छोड़ते हैं और अगर यह इंसानों को काटने लें तो यह महामारी फैल जाती है। न्यूमोनिक प्लेग एरिसिना पेस्टिस नाम के बैक्टीरिया से होता है। इसमें भी मरीज को पहले खाँसी होती है। उस समय प्लेग से 6334 सम्भावित मामले दर्ज हुए थे और पचपन लोगों की मौत हुई थी।

सन् 1820 में हैजा ने कहर बरपाया। सौ साल बाद एशियाई देशों में कॉलेरा ने महामारी का रूप ले लिया। यह भारत के अलावा जापान, फारस की खाड़ी के देश सीरिया, मनीला, जावा, ओमान, चीन, मॉरीशस आदि देशों में इसका कहर रहा। सबसे ज्यादा मौतें थाइलैंड, इण्डोनेशिया, फिलीपींस में हुई थी। भारत में 1940 में दस्तक दी। पीने का गंदा पानी इसकी मुख्य वजह थी। यह वाइब्रो कॉलरी नामक जीवाणु से फैला था। इसमें उल्टी-दस्त होते हैं, उचित इलाज न हो तो पानी की कमी के कारण मरीज कुछ ही घण्टों में मर जाता है। वैज्ञानिकों का मानना है कि इसकी शुरूआत बंगाल की खाड़ी से हुई।

सन 1920 में फ्लू ने ली सबसे अधिक जानें। इसे स्पेनिश फ्लू भी कहा गया; दुनिया की आबादी का एक तिहाई हिस्सा इस जानलेवा इनफ्लुएंजा का शिकार हुआ। 50 करोड़ लोग इससे प्रभावित हुए वैसे यह रोग 1918 से फैला, लेकिन इसका सबसे अधिक असर 1920 में हुआ इसकी वजह से पूरी दुनिया में 1.70 करोड़ से पाँच करोड़ के बीच लोग मारे गये भारत में ही डेढ़ से दो करोड़ लोगों की जानें गयी थीं।

क्या है कोरोना महामारी?

चीन के पैदा किये हुए इस कोरोना वायरस ने पूरी दुनिया में हाहाकार मचा

रखी है। ये कैसे फैला, इसका स्रोत क्या है- ये तथ्य बाद में सामने आयेंगे लेकिन फिलहाल इटली, स्पेन, अमेरिका आदि समृद्धिशाली देशों को इसे रोकने में पसीना आ गया है। दुनिया के 207 देश इसके आतंक से पीड़ित हैं। हर जगह निरंतर बढ़ती हुई रोगियों की संख्या और रोज मरने वालों की गिनती ने सभी को हिलाकर रख दिया है। समुचित स्वास्थ्य सेवाओं में विश्व में एक ओर दूसरे नम्बर पर रहने वाले देशों ने इस वायरस के आगे घुटने टेक दिये, वहीं दूसरी ओर भारत की हालत इसलिए खराब है कि वह अभी विकासशील देश है उसका नम्बर तो 147 वाँ है। अगर यहाँ स्थिति भयावह हो गयी तो कैसे सँभलेगी। हमारे यहाँ तो पर्याप्त मास्क भी नहीं है, आईसीयू तो बहुत दूर की बात।

* अब तो इस वायरस ने भारत में भी दस्तक दे दी है। हालाँकि हमारी सरकार तो पहले से ही चौकन्ना थी, लेकिन इस वायरस को फैलने से नहीं रोक पा रही थी। अन्य देशों के तौर तरीकों से अनुभव लेते हुए प्रधानमंत्री श्री नरेंद्र मोदी जी एहतियातन इंतजाम तो कर रहे थे लेकिन बात नहीं बनी। उन्होंने धीरे धीरे पहले रोडवेज सेवाएँ बंद की, फिर रेल सेवाएँ लेकिन रोगियों की संख्या निरंतर बढ़ती ही जा रही थी तो एक दिन राष्ट्र के नाम संदेश में प्रधानमंत्री ने भारत वासियों से आग्रह किया- ''यह रोग संक्रामक है, एक-दूसरे को छूने से फैलता है, इसकी अभी कोई न तो दवा बनी है और न ही कोई वैक्सीन है इसलिए इस वायरस की जो लाइफ है उसे समाप्त करने के लिए तथा इस रोग को फैलने की चेन को तोड़ने के लिए आवश्यक है रविवार 22 मार्च को सुबह 7:00 बजे से रात 9:00 बजे तक लोग अपने अपने घर में रहें, स्वतः कर्फ्यू लगा लें; कोई बल प्रयोग नहीं होगा और इसे जनता कर्फ्यू के नाम से जानें, ''जनता द्वारा जनता के लिए लगाया गया कर्फ्यू।'' अपने संदेश में प्रधानमंत्री ने एक और महत्वपूर्ण बात कही कि शाम 5:00 बजे अपनी-अपनी छतों पर बालकनी में शंख, ताली या थाली की ध्वनि करें उनके लिए जो हमारे जीवन के लिए दिन-रात सेवा में लगे हुए हैं अपने जीवन की चिंता नहीं कर रहे हैं उन स्वास्थ्य कर्मी, सफाई कर्मी, पुलिस और सैन्य कर्मी के उत्साह के लिए यह कार्य जरूर करें।

* संदेश बहुत मार्मिक था।

* मैंने 8 मार्च को अंतिम कवि सम्मेलन किया कोरोना वायरस के कारण। अब तक के जितने कार्यक्रम थे सब कोरोना की काली छाया पड़ने के कारण निरस्त हो गये। पूरे उत्तर प्रदेश तथा निकटवर्ती अन्य राज्यों में धारा 144 लग

जाने के कारण कार्यक्रम होना सम्भव नहीं था इसलिए बच्चों के साथ होली मनायी, खूब मजा आया। तब से अब तक लगातार क्लिनिक पर बैठ रहा हूँ। लगातार इतने दिनों तक क्लीनिक पर बैठना पिछले दस वर्षों में कभी नहीं हुआ। मेरे नगरवासी भी आश्चर्य करने लगे हैं। बच्चे भी सब अपने अपने ठिकानों पर जा चुके... बड़ा मुम्बई, छोटा गाजियाबाद। पूरे घर में हम पति पत्नी अकेले...

*   22 मार्च की सुबह उठकर देखा 6:00 बजे हैं। दैनिक निवृत्ति की, ग्रीन टी का सेवन किया और ड्राइंग रूम में व्यायाम करने चला गया। 7:30 बज चुके हैं सोचा ज़रा बाहर झाँककर देखूँ तो सही क्या नजारा है। कोई नहीं था बाहर चारों तरफ सुनसान। एक दो लोग जरूर आते-जाते दिखायी दे रहे थे। बाजार से आने वालों से मालूम हुआ पूरा शहर बंद है; आश्चर्य भी हुआ और सुखानुभूति भी।

*   9:00 बजे मेरा कंपाउण्डर भी आ गया। मैं 10:00 बजे क्लीनिक पर आकर बैठ जाता हूँ। रोजाना क्लीनिक पर बैठने से पहले मंदिर जरूर जाता हूँ, क्योंकि घर से बाहर नहीं निकलना है इसलिए आज मंदिर नहीं गया।

*   बीच-बीच में टीवी देखने अंदर जरूर चला जाता। पूरे देश से जनता कर्फ्यू की सुखद सूचनाएँ आ रही थी, हमें भी एक जिम्मेदार नागरिक होने के नाते प्रधानमंत्री की बातों को मानना चाहिए इसलिए ठीक 5:00 बजे मैं और मेरी पत्नी वंदना सक्सेना और पड़ोस का एक युवा अंकुर वर्मा ने अपनी बालकनी में जाकर शंख और थाली की ध्वनि की। अब तो चारों तरफ से कुछ इसी प्रकार की ध्वनियाँ पाँच मिनट तक गूँजती रहीं। अंदर जाकर टीवी देखा तो मालूम हुआ कमोबेश पूरे देश में यही नजारा दिखायी दे रहा था। यह अद्भुत दृश्य देखकर मन रोमांचित हो गया। सोचा यह कितना प्यारा देश है जहाँ सब भेदभाव भुलाकर मुसीबत के समय सब चाहे हिंदू, मुस्लिम, सिख, ईसाई सहित किसी भी जाति धर्म के लोग हैं अपने राजा के साथ किस प्रकार खड़े हो जाते हैं। कुछ जगह से ऐसी सूचनाएँ भी आयी कि कुछ लोग अति उत्साह में घर से बाहर भी निकल आये यह निंदनीय था। पुणे से तो एक ऐसी तस्वीर आयी जो द्रवित करने वाली थी जिसे मैंने बाद में अपने फेसबुक पेज पर भी शेयर किया। इसमें एक भिखारी कंधे पर कचरे का थैला लिये ठीक 5:00 बजे ताली बजा रहा था। इस तस्वीर में भिखारी के पास भावना तो थी, लेकिन उसके पास बालकनी नहीं थी।

*   शाम के 6:00 बजे मुख्यमंत्री श्री योगी जी की घोषणा हुई कि 25 मार्च तक यूपी के 15 जिले पूरी तरह लॉक डाउन किये जाते हैं जिसमें हमारा पड़ोसी जिला अलीगढ़ भी था।

❋ रात को भाई के घर जाकर डिनर करने के बाद वहीं मालूम हुआ कि छोटे बेटे का ऑफिस भी 25 तक बंद हो गया है।

धारा-144 (23 मार्च 2020)

❋ नोएडा में कोरोना के पाँच तथा ग़ज़ियाबाद में एक केस मिलने के कारण इन दोनों जिलों में पूरी तरह लॉकडाउन है। कल की पूरी रात इस चिंता में बीत गयी कि बेटे को वहाँ से कैसे लाया जाय। सभी वाहनों पर रोक है, प्राइवेट वाहन भी नहीं ले जा सकते। सबसे बड़ी चिंता उसके भोजन की है, उस पर बनाना भी नहीं आता; टिफिन वाले ने भी खाना देना बंद कर दिया है, ऐसे में हर तरफ से निगाह जाकर हमारे अनन्य पारिवारिक मित्र श्री हिमांशु लव पर ही टिकती है। उनसे कहा तो उन्होंने सम्पूर्ण स्नेह के साथ कहा -घर भेज दीजिए वो भी घर का ही सदस्य है। मैंने चित्रांश को कह दिया आज से तुम उनके घर ही खाना खा लेना। एक चिंता समाप्त हुई। अब चिंता उसे वहाँ से निकालने की है। साहिबाबाद में मेरे एक एस.पी. मित्र हैं श्री राजेश मिश्रा जी जब उनसे मदद माँगी तो बोले डॉक्टर साहब इस वक्त बहुत सख्ती है, रास्ते में तीन जिलों की सीमा है, हर सीमा से पार कराना बहुत मुश्किल है। बहरहाल लाने का विचार इसलिए त्यागना पड़ा कि   25 के बाद फिर अगर उसका ऑफिस खुल गया तो फिर पहुँचाना बहुत मुश्किल हो जायेगा।

❋ टेलीविजन के अनुसार आज लॉकडाउन को देश के लोगों ने गंभीरता से नहीं लिया। पूरे देश में लोग इस तरह से निकल पड़े जैसे कि 22 मार्च को जनता कर्फ्यू के बाद कर्तव्य की इतिश्री हो गयी हो। सोशल डिस्टेंस को बिलकुल बनाकर नहीं रखा गया। यही हाल मेरे नगर में भी रहा।

❋ शाम को दैनिक जागरण कार्यालय हाथरस से फोन आया कि एक लेख दे दीजिए कि कोरोना के बारे में आप क्या सोचते हैं। मस्तिष्क को एकाग्र करके एक घण्टे में लेख लिखकर टाइप करके भेज दिया। एक चिकित्सक होने के नाते जो बातें मुझे लिखनी चाहिए थी वह मैंने उस लेख में लिख दी।

❋ पूरे देश में लॉकडाउन के उल्लंघन की खबरें टीवी पर आ रही थीं। रात को महाराष्ट्र और दिल्ली में कर्फ्यू की घोषणा कर दी गयी है, यह जरूरी भी था।

बार-बार समझाने के बाद भी लोग नहीं मानते। मैंने अपने लेख में भी यही चेतावनी दी थी कि अभी हमें समझ जाना चाहिए; अगर नहीं समझे तो स्थितियाँ भयावह हो जायेंगी, हम बचेंगे तो यह देश बचेगा।

जान है तो जहान है।

लॉकडाउन

1

25 मार्च 2020

✻   आज सुबह से ही अफरा-तफरी का माहौल है। जिलाधीश के आदेशानुसार आवश्यक वस्तुओं की खरीदारी सुबह 7:00 बजे से 11:00 बजे तक होगी, इसलिए सुबह से ही लोग आवश्यकता से अधिक सामान खरीदने के चक्कर में बाजार में पहुँच गये। कुछ ऐसे दुकानदारों ने भी अपनी दुकानें खोल ली जो आवश्यक नहीं थीं। इसलिए पुलिस को बल प्रयोग कर वो दुकानें बंद करवानी पड़ीं और आवारा लड़कों को खदेड़ना पड़ा।

✻   मेरा मोहल्ला अजीब तरह से बसा हुआ है। इसमें अधिकतर मुसलमान आबादी है, लेकिन हिंदुओं के घर मुसलमानों के बीच में है और मुसलमानों के हिंदुओं के बीच में; इसलिए आज का सख्ती का दिन भी कुछ मुस्लिम युवा मजाक में ले रहे थे। एक-दूसरे से चिपक कर चलना, भीड़ में चलना आम बात थी।

12:00 बजे दुर्गा की पूजा के बाद जब मैं बाहर निकला तो मैंने बहुत सारे युवाओं को लॉकडाउन का महत्व समझाया। मोहल्ले के कुछ समझदार मुसलमान भाइयों को प्यार से समझाकर घर के अंदर भेजा, कुछ नासमझों को डाँटकर भेजा। मेरी क्लीनिक के सामने एक मुस्लिम भाई नूरुद्दीन का परिवार है। अत्यंत समझदार। 22 मार्च से ही उस परिवार का कोई भी सदस्य मैंने घर के बाहर नहीं देखा। मेरे पड़ोस में हिंदू परिवार के सभी सदस्यों का मेरे घर आना जाना है। सभी लोग जाते और आते वक्त हाथ अवश्य धोते हैं। अंकुर वर्मा नामक युवक जो अन्य दिनों बहुत व्यस्त रहता था, पिछले तीन दिनों से बहुत बोर हो रहा है। उसका जिओ का नेट भी नहीं चल रहा। इसलिए उसका अधिक समय मेरे घर पर टीवी के सामने या मेरे क्लीनिक पर अखबार पढ़ने में व्यतीत हो रहा है आजकल।

✻   आज कई दिनों बाद श्री जहीरुद्दीन पीरज़ादा साहब को रोड पर आते देखा। मेरे टीचर रहे हैं वो, जीव विज्ञान पढ़ाया है उन्होंने मुझे। आज मिले तो कई दिनों से वायरल हो रही रमेश गुप्ता की किताब के अंश पर चर्चा हुई जिसमें कोरोना वायरस के बारे में लिखा हुआ है और उसकी दवा के बारे में भी। उन्होंने विस्तार से इस वायरस के विकास के बारे में बताया तो बहुत संतुष्टि मिली।

* आज नवरात्रि का प्रथम दिन है और व्रत भी है; लेकिन मंदिर जाना मना है। केवल पूजा-अर्चना की है, 'वरशिप फ्रॉम होम', सुबह से दो बार खूब खा चुके हैं, फिर भी व्रत है हमारा। क्लीनिक पर बैठकर गपशप की। मरीज तो इन दिनों बहुत कम हैं। अमर उजाला के पत्रकार श्री राकेश वार्ष्णेय आ गये तो उनके साथ चाय की चुस्कियों के साथ नगर की कुछ गतिविधियों पर भी चर्चा हो गयी।

* आज क्लीनिक पर 8:30 बजे तक बैठा लेखन का काम करता रहा। मोबाइल इन दिनों बड़ा सहायक सिद्ध हो रहा है। नये-नये विचार और नयी-नयी खोजें पढ़ने को मिल रही हैं। हमारे कवियों का एक ग्रुप 'पंच का मंच' इन दिनों वक्त काटने में बहुत सहायता कर रहा है। सारे कवि घर पर हैं बिलकुल निठल्ले, इसलिए पूरे दिन इसी पर अपने दिमाग की जुगाली करते रहते हैं। व्यंग्य, हास्य कविताएँ क्या-क्या नहीं है इसमें। मान-अपमान को एक बराबर समझा जाता है इस ग्रुप में। सुरेंद्र शर्मा जी से लेकर हरिओम पवार, अशोक चक्रधर, वेद प्रकाश, अरुण जेमिनी इत्यादि सभी नामी-गिरामी सदस्य हैं इसमें। कवयित्रियाँ भी बढ़-चढ़कर अपनी बेइज्जती कराती हैं यहाँ। जहाँ रमेश मुस्कान, सर्वेश अस्थाना, पवन आगरी और तेज नारायण जैसे निठल्ले कवि भी हैं; वहीं मेरे जैसे अतिथि कवि भी हैं जो कभी-कभी जाकर अपनी उपस्थिति दर्ज करा देते हैं। आनंद के लिए सबको पढ़ते ज़रूर हैं। कहने को सब एक हैं लेकिन राजनीतिक धरातल पर इस ग्रुप में काँग्रेसी और भाजपा मानसिकता के कवि भी शामिल हैं इसलिए दोनों की आपसी चुहलबाजी बहुत आनंद देती है।

26 मार्च 2020

* कल रात बहुत देर तक काम किया इसलिए सुबह देर से उठा। घड़ी देखी 8:20 हो चुके थे। बाथरूम के दरवाजे से श्रीमती जी को नहाकर निकलते देखा तो महसूस हुआ कि वास्तव में आज मुझे देर हो गयी है। उठकर गर्म पानी पिया फ्रेश हुआ, ग्रीन टी बनायी है और अखबार बाँचने लगा। यही वक्त है हमारे अखबार पढ़ने का श्रीमती जी की हिम्मत नहीं हुई यह कहने की कि आज जल्दी कर ले। हम अपनी उसी रफ्तार से काम करते रहे। व्यायाम करने के लिए ड्राइंग रूम में चले गये। पैंतीस मिनट के बाद लौटे तो बाथरूम की तरफ रुख किया।

अंदर जाकर देखा आज बाथरूम में पानी नहीं आ रहा बाहर की सभी टोंटियों में तो आ रहा था, लेकिन बाथरूम में नहीं। दिमाग खराब हो गया। खैर जैसे-तैसे व्यवस्था बनाकर नहाया।

* श्रीमती बहुत देर से प्रतीक्षा में है कि मैं कब आऊँ और नवरात्रि के दूसरे दिन की पूजा आरम्भ हो। पूजा आरम्भ की। दुर्गा सप्तशती आज हमने नहीं पढ़ी।

* क्लीनिक पर लगभग ग्यारह बजे बैठ पाया। जिलाधिकारी ने अपने पूर्व के आदेश को रद्द करके सिर्फ एक समय दुकानें खोलने का आदेश जारी कर दिया। तीन घण्टे लोगों की आवाजाही काफी रही थी 11:00 बजे पुलिस ने सारी दुकानें बंद करा दी।

* कल दोपहर से ही सोच रहा था कि इन 21 दिनों में क्या किया जाय तो हमारे मित्र हिमांशु जी ने सलाह दी कि इन दिनों आप एक पुस्तक लिखिए, जिसमें अपने अनुभव, पूरा दिन कैसे व्यतीत किया, अपने आसपास रहने वालों के अनुभवों को साझा कीजिए। सोचा आइडिया तो बहुत अच्छा है क्योंकि कविता क्रिएशन है यह जबरदस्ती नहीं लिखी जा सकती। यह काम आसान है। तो अगले दिन से इस काम पर जुट गया 22 मार्च से अब तक की मेमोरी को उतारना भी आसान काम नहीं था। कल रात 12:00 बजे तक इस कार्य को सम्पन्न किया।

* अभी-अभी विनय चतुर्वेदी दैनिक जागरण संवाददाता का फोन आया कि आप एक छोटा-सा अखबार के पक्ष में लेख लिख दीजिए। दरअस्ल सोशल मीडिया पर एक अफवाह कई दिनों से तैर रही है कि अखबार से भी यह संक्रमण फैल सकता है इसलिए लोगों ने अखबार लेना और पढ़ना बंद कर दिया। मन से भ्रांति दूर करने के लिए दैनिक जागरण की इस मुहिम में मैं भी एक हिस्सा बनूँ यह अखबार की मंशा है।

* आज एक और संकल्प लिया है। नवरात्रि चल रहे हैं। मैंने कभी पूरे व्रत नहीं किये हैं। इस बार घर पर हूँ, पूजा-पाठ भी विधिवत चल ही रहा है। कवि सम्मेलनों के चलते पहला और अंतिम नवरात्रि व्रत रख पाते हैं सो क्यों न इस बार पूरे 9 दिन व्रत रख दिया जाय। सिर्फ एक समय खाना खायेंगे और शरीर को हल्का करने का प्रयास करेंगे। लोग कहते हैं पेट थोड़ा बाहर आ गया है तो उसे अंदर करने की कोशिश मात्र है बस।

* मैंने कल भी आपको बताया था कि इन दिनों वक्त काटने के लिए पंच का

मंच ग्रुप संजीवनी की तरह काम कर रहा है। बड़े-बड़े व्यंग्यकार इसमें अपनी टिप्पणी डालकर आनंद देते रहते हैं। अगर आप राजनीतिक चश्मे से न देखें तो वेद प्रकाश शर्मा की एक पोस्ट से रूबरू कराता हूं आपको-

मोदी जी के कुछ दूर-दृष्टि वाले फैसले जो आज काम आ रहे हैं

1 नोटबंदी कर ई-पेमेंट को बढ़ावा दिया बहुत अच्छा किया यह वायरस नोटों से सबसे ज्यादा फैल सकता है। अब न नोट हैं न खरीदारी के ऑप्शन मतलब खतरा बेहद कम।

2 रोजगार बढ़ाने के बजाय घटा दिये हैं इसलिए पहले ही घर में पड़े रहने की आदत पड़ गयी है, आज यही आदत इस वायरस से बचा सकती है।

3 नमो चैनल और बाकी मीडिया पर भी खुद को इतना महान बनवा दिया कि हममें एक आशा की तरह बँध गयी कि दुनिया को बचा सकते हैं तो मोदी ही बचा सकते हैं और मुसीबत में आशा ही सबसे बेहतरीन उपचार करती है।

है न मजेदार।

∗ इसी तरह से दिनेश रघुवंशी ने एक वीडियो डाला जिसमें एक औरत कह रही है जिस मर्द को घर में पड़े-पड़े बोरियत आ गयी है, लेटे-लेटे कमर और हाथ पैरों में दर्द हो गया है, वह घर के बाहर चौराहे पर जाकर पुलिस वालों से अपने पिछवाड़े पर डण्डों की बाम लगवा सकते हैं।

∗ सच में घर में लगातार बैठना बड़ा मुश्किल है। कामकाजी व्यक्तियों के लिए तो बहुत मुश्किल हो गया है। लगातार घर में रहकर पति को या पत्नी को झुँझलाहट हो रही है, क्योंकि आमतौर पर पति-पत्नी एक दूसरे को लगातार देख नहीं सकते हैं।

∗ आज भी सड़कों पर मुस्लिम समुदाय की आवाजाही काफी है। कुछ लोगों के दिमाग में बैठा हुआ है कि मोदी जो भी करता है उनके सम्प्रदाय के खिलाफ ही करता है इसलिए उसका विरोध करना है उसने घर के अंदर रहने के लिए कहा है तो हम अधिक समय बाहर रहकर इस अभियान को फेल करके रहेंगे। इनकी बुद्धि पर तरस आ रहा है इन्हें क्यों नहीं समझ में आता कि उनका इस तरह से घूमना न जाने कितनी जिंदगियाँ ले सकता है।

∗ आज टेलीफोन पर राज जाना अपनी अनन्य प्रशंसिका लखनऊ निवासी वत्सला पांडे का। वह एक इंटर कॉलेज में अध्यापिका हैं। मैंने जैसे ही फोन

मिलाकर पूछा- ''कैसी हो वत्सला?'' तो उधर से तपाक से आवाज आयी-''सर बी पॉजिटिव'' मतलब पहले ही वाक्य में हँसी आ गयी। मैंने फिर पूछा- ''घर में बंद रहकर कैसे काटती हो दिन?'' तो चहककर बोली- ''बस पूरा दिन किचन में ही घुसे रहते हैं, बेटे और उसके बाप को गरम-गरम खाना खिला रहे हैं। आजकल उन दोनों की थाली में से जो खाना बचता है उसे बालकनी में डाल देते हैं तो उससे चिड़िया या अन्य पक्षी अपना काम चला लेते हैं।'' फिर उन्होंने बताया कि आज मैं अपने पति के साथ बालकनी में खड़ी थी; सामने एक पीपल का पेड़ जिस पर एक कौवा बैठा था जो मेरी बालकनी में पड़ी हुई रोटी को अपने पंजों से दबाकर खा रहा था। मैंने पतिदेव से कहा देखिए वह कौवा हमारी रोटी खा रहा है। पतिदेव को मजाक सूझा और मुझे झिड़कते हुए कहा- चलो अंदर जाओ और सिर पर दुपट्टा डालकर आओ, देख नहीं रही हो मेरे दादा जी खाना खा रहे हैं। बहुत हँसी आयी उनकी इस वार्तालाप को सुनकर। फिर बहुत देर तक बात करती रहीं इधर-उधर की। इतनी देर में एक मरीज आ गया और उनसे क्षमा माँगते हुए फोन काटना पड़ा वरना बहुत चटपटी बातें करती हैं वत्सला, उनसे बहुत देर बातें करने का मन करता है।

✳   आज की दोपहर भी कल की तरह शांत रही। पाँच बजते ही चहल-पहल शुरू हो जाती है। मुस्लिम आबादी है इसलिए अधिकांश लोग नमाज पढ़ने के लिए निकल पड़ते हैं। मैंने एक से पूछा मस्जिद में तो आजकल नमाज बंद कर रखी हैं फिर आप कैसे वहाँ जाते हो। तो उन्होंने बताया डॉक्टर साहब माहौल को देखते हुए दो-दो करके मस्जिद के अंदर जाते हैं और पर्याप्त दूरी बनाकर नमाज पढ़कर बाहर आ जाते हैं। यह सुनकर थोड़ी तसल्ली हुई कि चलिए थोड़ी बहुत तो जागरूकता आयी इस कौम में।

✳   अभी शाम को हमारे युवा कवि जिन्हें मैं अपने कॉपल प्रथम की उत्पत्ति मानता हूँ, फिरोजाबाद निवासी प्रवीण कुमार प्रझर्थु ने बहुत सुंदर चार पंक्तियां भेजी। कोई गीतकार मन ऐसे खाली समय में कितना सुंदर सोच सकता है... मुझे पढ़कर जो प्रसन्नता हुई उस प्रसन्नता को आप भी महसूस कीजिए-

खुश रहने के लिए जरा-सी दवा माँगकर लाया हूँ
दोनों हाथ पसारे रुपया सवा माँगकर लाया हूँ,

चारदीवारी में बैठा जब ऊब गया यह अंतरमन-
बूढ़े पीपल से कुछ ताजी हवा माँगकर लाया हूँ।

27 मार्च 2020

* आज भी 8:30 बजे जागा। अरे! आज तो सुबह से ही बारिश हो रही है। आज और कल में इतना अंतर है। कल जब मैं जागा था तो श्रीमती जी नहाकर निकल रही थीं, आज जब जागा हूँ तो मैडम आँगन में बैठकर अखबार पढ़ रही हैं। आज अखबार में फिर मेरा फोटो आया है अखबार के ही समर्थन में। तीन दिन से खबरें आ रही थी कि अखबार छूने से यह वायरस हमारे शरीर में प्रवेश कर सकता है बस उसी का खण्डन छपा है मेरे द्वारा... अखबार को पढ़ते हुए फोटो के साथ।

* आज लगभग 12:00 बजे मोबाइल पर शायरा शबीना अदीब का वीडियो आया। उन्होंने अपने वीडियो में सभी लोगों से घर में रहने की अपील की है, फिर एक बहुत कारुणिक गीत जिसके बोल थे ''तू ही मददगार मौला तू ही मददगार'' सुनकर हृदय द्रवित हो गया। गीत के पीछे चलते हुए ग्राफिक उस गीत को और भी अधिक कारुणिक बना रहे थे। मन नहीं माना, सोचा फोन करके बता दूँ कि तुमने बहुत अच्छी कविता गायी है। मैंने जैसे ही हेलो किया उधर से आवाज आयी- नमस्कार गुरु जी! मैं आपको बता दूँ हम लोग आपस में एक-दूसरे को गुरुजी ही बोलते हैं, सुनने वालों को जरूर अजीब लगता होगा लेकिन यह बिलकुल सच है। फोन पर मैंने उनकी खूब तारीफ की। बहुत खुश हुई शबीना। जहाँ मुझे थोड़ा बहुत खटक रहा था वह भी बताया जिसे उन्होंने सहर्ष स्वीकार भी किया... क्योंकि गीत गाते वक्त उनका स्वर थोड़ा ऊँचा हो गया था। अगर वह एक काला नीचे से गातीं तो उसमें और मधुरता आ जाती, ऊपर के स्वरों में वह कर्कश हो रहा था। वह यह बात स्वीकार करते हुए बोली-सच कहा आपने, हमें भी रिकॉर्ड होने के बाद ऐसा ही लगा था। फिर मैंने पूछा अच्छा यह बताओ लॉकडाउन में पूरा दिन कैसे गुजारती है? बोली-भैया काम वाली छुड़ा दी है, सुबह से खुद ही झाड़ू-पोंछा,नाश्ता, खाना बनाते रहते हैं, इसी में दिन गुजारना पड़ रहा है। मैंने चुटकी ली किचन में खाना तुम बनाती हो या जोहर भाई? हम कोई देख थोड़ी रहे हैं! तो उन्होंने तुरंत कड़ाही से चमचा खटकाने की आवाज सुनायी फिर बोलीं अब तो यकीन हुआ? मैं हँसते हुए बोला हाँ बिलकुल हो गया। फिर हम दोनों ने एक-दूसरे की सलामती की दुआ माँगते हुए फोन बंद कर दिया।

* कल रात को भोजन उपरांत जब मैं घर के बाहर टहलने निकला तो मोहल्ले के कुछ लड़के उन लोगों की चर्चा कर रहे थे जो नोएडा दिल्ली में दिहाड़ी मजदूरी करते थे। उनके कामकाज बंद हो जाने के कारण मकान मालिकों ने अपने घर से निकाल दिया। इनमें मैनपुरी, इटावा, कानपुर यहाँ तक कि बिहार के मजदूर लोग दिल्ली से पैदल अपने अपने घरों के लिए चल दिये हैं। तीन दिन हो गये चलते-चलते। सिर पर बोझ, पीठ पर थैला... महिलाए अपनी गोद में दूधमुँहे बच्चों को उठाकर और पुरुष छोटे बच्चों की उंगली पकड़कर पैदल चलकर आ रहे हैं। पूरी तरह से थके हुए हैं, चलते-चलते पांव सूज गये हैं, कोई ठिकाना नहीं है, कब तक घर पहुँचेंगे। पहुँच भी पायेंगे या नहीं। खाने-पीने का कोई प्रबंध नहीं है। उनकी बातें सुनकर आश्चर्य भी हुआ और मन व्यथित भी। मैंने सभी से कहा कल हम लोग उनके खाने की व्यवस्था दवा आदि का इंतजाम तो कर ही सकते हैं। सब ने हामी भर ली। हम लोग रात को सोचते हुए घर के अंदर चले गये। सारांश से भी चर्चा हुई, उसे भी सहमति दे दी।

* मैं सुबह इंतजाम की सोचकर उठा। मालूम हुआ 10:00 बजे तक तो नगर के न जाने कितने उदारमना लोगों ने उनके लिए भण्डारा खोल दिया। पूरी जीटी रोड पर कम से कम दस व्यक्तियों ने उनके खाने का इंतजाम कर दिया। सबसे आगे हमारे नगर के सफाई कर्मी थे; उन्होंने आपस में चंदा करके सबके लिए भोजन व्यवस्था की। यह सब सुनकर मन को संतोष हुआ और गर्व भी कि लोग सरकारी सहायता की प्रतीक्षा करने से पहले ही स्वयं ही मदद के लिए आगे आ गये।

* मैंने आपसे पूर्व में भी जिक्र किया था कि हमारे एक खालीपन को भरने में हमारे पंच के मंच में नामक ग्रुप का बड़ा योगदान है। इस समय आज हमारे मंचों के सबसे प्रखर युवा कवि श्री चिराग जैन ने अपना एक लेख डाला, बहुत ही सारगर्भित। लेख तो बहुत बड़ा है मैं उसका आरम्भिक अंश और अंतिम अंश यहाँ लिख रहा हूँ... शीर्षक है ''वर्चस्व के लिए अस्तित्व से खिलवाड़ नहीं किया जाए।'' विपत्ति मनुष्य को उसकी लापरवाही पर ध्यान देने का अवसर देती है; सम्भव है किसी भी समय में किसी भी पीढ़ी के पास यह अवसर नहीं रहा होगा कि कई कई सप्ताह तक बिना कुछ काम किए रहा जाय और उससे कोई प्रत्यक्ष हानि न हो, हमेशा समय की कमी का रोना रोने वाला मानव आज पूरी तरह फुरसत में है। उसकी दुकान बंद है लेकिन उसे कोई बेचैनी इसलिए नहीं है कि उसकी ग्राहक का कहीं और जाने का भय नहीं है। उसकी फैक्ट्री बंद है लेकिन

वह इस बात से संतुष्ट है कि उसके प्रतिद्वन्द्वी की भी फैक्ट्री बंद है; फैक्ट्री ही क्या पूरा बाजार बंद है; बाजार ही क्या पूरा शहर बंद शहर ही क्या पूरा देश और दुनिया बंद। इतनी फुरसत कभी किसी पीढ़ी के मनुष्य को उपलब्ध नहीं हुयी। यह दुनिया बंदी मनुष्यता के एक नये युग का सूत्रपात करेगी, लेकिन इसके बीच से ही यदि हम फिर से मनुष्य की बजाय कोई अन्य संज्ञा लपेट बैठे तो कोरोना के विरुद्ध इस लड़ाई में शहीद हुए लोगों के बलिदान और हफ्तों तक घरों में बंद रहकर अवसाद झेल रहे देश की तपस्या व्यर्थ हो जायेगी।

- है न शानदार लेख, चिराग हमारे सर्वमान्य युवा प्रखर रचनाकार है, उन्हें सभी बहुत प्यार करते हैं; मेरे भी ढेर सारे स्नेह आशीष।

*   आज फेसबुक पर सर्वेश अस्थाना को लाइव सुना और देखा। वो लगभग रोज शाम को 5:00 बजे रूबरू होते हैं अपने फेसबुक मित्रों से। उनका आज का वक्तव्य बहुत प्रेरणादायक भी था और पैनिक करने वाला भी। अपने वक्तव्य में यह बताना कि घर की चप्पल अलग रखिए बाहर की अलग रखि। कोई भी बाहर का संक्रमण थूक के जरिये हमारे घर में घुस सकता है... हालांकि स्वास्थ्य दृष्टिकोण से उचित है, लेकिन सबके लिए सम्भव नहीं। दूसरा-बाहर से आये हैं तो अपने पहने हुए कपड़े बाहर उतारकर उन्हें गर्म पानी की बाल्टी में डाल दें और घर के अंदर दूसरे कपड़े पहनकर जायँ। संक्रमण की दृष्टि से यह भी उचित है, लेकिन सबके लिए यह भी सम्भव नहीं है। तीसरा गरीब बेसहारा लोगों के भोजन की व्यवस्था के लिए यथासम्भव मदद के लिए आगे आये। इस सराहनीय विचार के लिए उनका आभार। लाइव शो में उनकी तोंद उनके शरीर से बाहर निकली जा रही थी; जैकेट के बटन बुरी तरह से टूटने को बेताब थे। गरीबों का पेट कैसे भरे इसका ध्यान रखते हुए अपना पेट कैसे कम हो इस पर भी उन्हें विचार करना चाहिए।

*   आज के ग्रुप की शानदार फोटो यह है कि श्री अरुण जेमिनी के घर में रहते हुए बाल बढ़ गये हैं। फोटो में उनका बेटा गीत उनके बाल काटता हुआ दिखाई दे रहा है... दोनों पिता-पुत्र अर्धनग्न अवस्था में हैं; मुझे लगता है अरुण जी के बाल कटने के बाद अरुण जी बेटे के बाल काटेंगे। दरअस्ल घर में रहते-रहते बालों का बढ़ना स्वाभाविक है। लॉक डाउन के चलते सभी सैलून बंद हैं, ऐसे में यह फोटो यह प्रेरणा देती है कि हमें हर मामले में आत्मनिर्भर होना चाहिए।

*   आज टीवी पर एक सूचना और सुखद मिली कि कल से डीडी नेशनल पर रामानंद सागर की रामायण और डीडी भारती पर बी आर चोपड़ा की महाभारत

आरंभ हो रही है। कोरोना की भयावह खबरों को देखते-देखते परेशान होने वालों के लिए यह एक अच्छी सूचना है

* आज रात को परिवार में बैठकर फिर विचार बना कि गाड़ी भेजकर उसमें वंदना को मरीज बनाकर गाजियाबाद भेज दिया जाय और उधर से चित्रांश को बुलाने का उपक्रम किया जाय। हिमांशु जी से विचार-विमर्श करने के बाद हमारे विचार की हवा निकल गयी। चित्रांश ने भी कहा आप लोग मेरी बिलकुल चिंता न करें, मैं यहाँ पर बिलकुल सही हूँ, मोदी जी के आदेशों का पूर्णतया पालन कर रहा हूँ; घर से बाहर नहीं निकलता न किसी को घर के अंदर आने देता हूँ... इसलिए फिलहाल अभी उसे लाने का विचार त्याग दिया है।

28 मार्च 2020

* कल रात पूरे बदन में दर्द रहा। सुबह 7.35 पर जग गया, लेकिन आलस्य के कारण उठ नहीं पाया। सोचा आज सुबह की शुरूआत संगीत सुनकर की जाए। बेड से सटे हुए डेक पर अँगुली रखकर उसे चालू कर दिया। पहला भजन आया फिर गजलें शुरू हो गयी- चाँदी जैसा रंग है तेरा सोने जैसे बाल।

* ब्रश करने के बाद ग्रीन टी ली, अखबार पढ़ा और चला गया ड्राइंग रूम में व्यायाम करने। 30-35 मिनट बाद फ्रेश हुआ और नहाकर पूजा में बैठ गया,

* आज नवरात्रि का चौथा दिन है घरों से दुर्गा सप्तशती पढ़ने की जिम्मेदारी हमारी हो गयी है। नाश्ता करके आज क्लीनिक भी खुद ही खोलनी पड़ी क्योंकि हमारे सहयोगी कंपाउंडर श्री रामजी लाल यादव लॉक डाउन के चलते गाँव से ही नहीं आए हैं।

* आज बहुत दिनों बाद मोबाइल को 11:00 बजे अपनी आँखों के सामने रखा है। ग्रुप में आज कवि अजातशत्रु ने बहुत मार्मिक गीत पोस्ट किया है; ऐसा लगा कि आज के दिन की अच्छी शुरूआत हो गयी-

सूनी सब सड़के हैं चौराहे सूने हैं
गलियों में सन्नाटा घूमते नमूने हैं
हॉकर भी डरता है पेपर नहीं आया

जनता किराना ने दाम किये दूने हैं
खिड़की से मौसम के तेवर को तकता हूँ
जब पानी उतरेगा तब आकर मिलता हूँ
अम्मा को फोन किया पैसे भिजवा देना
खेत अपना सेठ जी के खाते लिखवा देना
कोई भी कुछ दे तो छूना मत खाना मत
नुक्कड़ के छुट्टन को घाव ही दिखाना मत
एक जलते जंगल की टहनी-सा हिलता हूँ
जब पानी उतरेगा तब आकर मिलता हूँ
मौत का भयंकर ये ताण्डव मँडराता है
खतरा है अपनों से यह डर खा जाता है
टीवी पर लाशों की नाचती परछाई है
सरकारी अमले की एक गाड़ी आयी है
इस मन के गमले में मुरझाकर खिलता हूँ
जब पानी उतरेगा तब आकर मिलता हूँ।

*   अभी-अभी मालूम हुआ जीटी रोड से कल जितने लोग गुजर रहे थे अब उनकी संख्या शून्य हो गयी है। सरकार ने सबके जाने के लिए बसों की, रुकने के लिए शेल्टर होम्स और खाने की अतिरिक्त व्यवस्था कर दी है; सुनकर बहुत शांति मिली। सब अपने अपने स्तर पर व्यवस्था में लगे हैं, जिससे किसी को विशेष तकलीफ न हो।

*   आज सुबह अखबार में एक मार्मिक और भावुक और खबर पढ़कर कण्ठ अवरुद्ध हो गया। अनुपम खेर की माँ ने प्रधानमंत्री श्री नरेंद्र मोदी के लिए चिंता जतायी है। अनुपम खेर ने सोशल मीडिया पर एक वीडियो साझा किया, जिसमें उनकी मां चिंता जाहिर कर रही है और कह रही हैं मोदी हम सभी को सुरक्षित रहने के लिए कह रहे हैं लेकिन उन्हें भी परहेज करना चाहिए; मैं उनके लिए दुआ कर रही हूँ क्योंकि वह हमारे लिए इतने परेशान हैं, मैं चाहती हूँ कि वह ठीक-ठाक रहें, हमें ऐसा प्रधानमंत्री कहीं नहीं मिलेगा जो हाथ जोड़कर बोलता है। आज की दुनिया में हाथ कौन जोड़ता है और यह बोलते-बोलते माँ रुआँसी हो गयी... कृपया आप अपना ध्यान रखें हम सभी भी आपके हाथ जोड़ते हैं।

*   अभी-अभी सोचा कि बदायूँ के पूर्व सांसद/काव्य प्रेमी और हमारे प्रिय श्री धर्मेंद्र यादव को फोन मिलाया जाय। पहली बार में तो फोन व्यस्त मिला, लेकिन

दूसरी बार में फोन उठा लिया। बोले- ''नमस्कार विष्णु जी बोलिए क्या हाल है।'' मैं आश्चर्य में कि मेरा नाम उनके फोन में फीड है। मैंने तुरंत कहा- ''नमस्कार धर्मेंद्र जी, हालचाल तो मुझे जानने हैं आपके क्योंकि इन दिनों सर्वाधिक फुरसत में होंगे; निवर्तमान सांसद, संसदीय क्षेत्र की जिम्मेदारी भी नहीं है और न आसपास कार्यकर्ताओं का जमघट, ऐसे में कैसे काटते हैं आप पूरा दिन।'' बोले- ''विष्णु जी इस समय में सुकून में नहीं हूँ, अपने सभी लोगों के टच में हूँ फोन के माध्यम से, मेरे संसदीय क्षेत्र के कुछ लोग अलग-अलग प्रांतों में फँसे हुए हैं उन्हें वहाँ से निकलवाने की व्यवस्था में जुटा हुआ हूँ। अभी सरकार से 600000 रुपये अपने बदायूँ के लिए दिलवाये हैं, बस पूरे दिन फोन पर ही व्यस्त रहता हूँ।'' मैंने पूछा-''इसके अलावा कैसे कट रही है जिंदगी? तो बोले- भाई साहब सैफई में ही हूँ बच्चों के साथ चुहलबाजी करते रहते हैं तो समय का पता नहीं चलता दिन कब निकल जाता है। अभी एक जौनपुर की वृद्ध महिला जो एनसीआर में फँस गयी थी उसे उसके घर पहुँचाने की व्यवस्था की है; उसकी बेटी लंदन में है उसने ढेर सारा आभार मुझको दिया है। चलते चलते वह सरकार पर अँगुली उठाना भी नहीं भूले जो उचित भी था। उन्होंने कहा-दरअस्ल सरकार को इन सब सख्त कदमों को उठाने से पहले दो-तीन दिन का वक्त देना चाहिए था जिससे सब लोग अपने-अपने ठिकानों पर पहुँच जाते, ऐसी स्थिति तो सामने नहीं आती जैसी इस वक्त है। मैंने उनकी हाँ में हाँ मिलायी और अभिवादन कर फोन डिस्कनेक्ट कर दिया।

*   आज लॉकडाउन में सख्ती है। हमारे घर के तिराहे के पास जिन लोगों का जमघट बना रहता था आज पुलिस की चौकसी के कारण बहुत कम है। क्या किया जाय आदमी कब तक घर के अंदर रहे, निकलना चाहता है पिंजरे से। जो पुरुष पूरे दिन बाजार में रहता है वह कैसे घर के अंदर बंद होकर बैठ सकता है लेकिन इस वक्त मजबूरी है इस आपदा से बचने के लिए घर से बाहर निकलना ही इसका निदान है।

*   हमारे शहर में बंदरों की संख्या लगभग 1000 होगी हमारे मोहल्ले में भी उसी अनुपात से हैं, इस वक्त बंदर भी खिसियाये हुए हैं, सड़कों पर आदमी चल नहीं रहा जो उनके हाथ से छीन कर कुछ खा लें, घरों में इतना खाना नहीं है कि उन्हें उदारता पूर्वक डाला जाय... ऐसी स्थिति में जानवरों का भी बहुत बुरा हाल है भूख के कारण कमजोर नजर आ रहे हैं, चलते हुए राहगीरों को काटने का प्रयास कर रहे हैं।

* आज रात को दूरदर्शन नेशनल पर रामायण देखकर एक घण्टे के लिए कोरोना आतंक से छुटकारा मिला, ऐसा एहसास हुआ जैसे पुराने दिन याद आ गये। अभी-अभी दैनिक जागरण अलीगढ़ से मुकेश चतुर्वेदी का फोन आ गया बोले- भाई साहब जरा बताइए कोरोना लॉकडाउन में आप क्या करते हैं, मैंने सरलता से अपनी सब पोल पट्टी खोल दी... बाद में मालूम हुआ उनके सम्पादक जी कुछ खास कवियों पर एक लेख लिख रहे हैं उसके लिए बातचीत की जा रही थी मुझसे।

29 मार्च 2020

* आज सुबह 7:30 पर जग गया। अर्ध सुप्त अवस्था में ही डेक पर मोबाइल को ब्लूटूथ से जोड़कर दुर्गा सप्तशती लगा दी, एक अध्याय सुनने के बाद बिस्तर से उठकर ब्रश किया, गर्म पानी पिया, ग्रीन टी बनायी और अखबार लेकर पढ़ने बैठ गया। पूरे विश्व में अब तक 500000 लोग संक्रमित हैं। हमारे यहाँ 925 संक्रमित हो गये अब तक तथा मरने वालों की संख्या 25 हो चुकी है

* टीवी में आनंद विहार बस स्टैंड पर उत्तर प्रदेश और बिहार वासियों की लाखों की भीड़ बसों के इंतजार में देखकर बहुत आश्चर्य और दुःख हुआ। लॉकडाउन यहाँ पूरी तरह विफल हो गया। कहा जा रहा है कि दिल्ली सरकार ने सभी मजदूरों को अपने-अपने राज्य की सीमा तक छोड़ दिया, यह अफवाह फैलाकर कि सभी राज्यों ने बस लगा रखी है सब अपने-अपने घर जा सकते हैं; इसलिए उत्तर प्रदेश, हरियाणा, राजस्थान के बॉर्डर पर इसी प्रकार की हजारों की भीड़ देखी जा रही है। दिल्ली सरकार और अन्य सरकार के आरोप-प्रत्यारोप आरम्भ हो गये हैं जो इस समय नहीं होने चाहिए। लेकिन इस भीड़ ने चार दिनों के सफल लॉकडाउन को तहस-नहस कर दिया। सोच से भी परे है, भगवान न करें अगर देश तीसरी स्टेज में पहुँच गया तो मरने वालों की संख्या लाखों में जायेगी।

* अभी रेडियो पर मोदी जी के मन की बात सुनी, आज की पूरी बात कोरोना पर ही केंद्रित थी। अपने सभी मजदूर भाइयों से जब देश का प्रधानमंत्री क्षमा माँगता है तो आँखों से आँसू छलक आते हैं। आज भी प्रधानमंत्री ने एक सूत्र

दिया- ''सोशल डिस्टेंसिंग बढ़ाइए- इमोशनल डिस्टेंसिंग कम कीजिए''। उन्होंने जो मरीज कोरोना संक्रमण से ठीक हो गये हैं उनमें से कुछ लोगों से बातचीत की तथा जो चिकित्सक कोरोना संक्रमण के रोगियों का इलाज कर रहे हैं उनमें से दो चिकित्सकों के अनुभव पूछे। अपनी बात के अंत में आज भी नर्स, डॉक्टर, सैन्य व पुलिसकर्मी तथा सभी मीडिया कर्मियों को धन्यवाद दिया।

∗   जिस प्रकार कल और परसों राज्यों की सड़कों पर लॉकडाउन का मजाक उड़ाया गया, उसे देखते हुए केंद्र सरकार ने सभी राज्यों और जिलों की सीमाओं को और अधिक सख्ती से सील करने के लिए ऑर्डर दे दिया। अभी भी लोग आनंद विहार बस स्टैंड, लाल कुआँ तथा लखनऊ के आलमबाग में जमा हैं तथा पैदल ही अपने गंतव्य को निकल रहे हैं। उस पर हमारे कवि श्री महेंद्र अजनबी ने बड़ी खूबसूरत और मार्मिक पंक्तियाँ कही हैं-

हॉलात अपने इतने बेबस भी नहीं
उनको हवाई जहाज थे इनको बस भी नहीं।

उनकी एक कविता और आज ग्रुप में पोस्ट की गयी -

देखो देखो वह जा रहा है
उसे रोक लो वह जा रहा है
कोरोना का नहीं उसे कोई भय
मन में उसके नहीं कोई संशय
कदमों की देखो देखो उसकी लय
होकर चला वह निर्भय
पोटली में स्वाभिमान दबाकर
काँधे पर बच्चों को बिठाकर
अँगोछे का मास्क बनाकर
देखो देखो वह जा रहा है
उसे रोक लो वह जा रहा है
रोजी छोटी छूट गया काम
जेब मे नहीं बचे छदाम
नहीं पता क्या महामारी है
उससे बड़ी उसकी लाचारी है
इस शहर में हमेशा फुटपाथ देखा
ढूँढ़ने चला वह अपनी लक्ष्मण रेखा

उसको भरोसा था अपने हाथों पर

जो शहर ने तोड़ दिया

अब भरोसा है अपने पैरों पर

इसलिए पैदल ही जा रहा है

देखो देखो वह जा रहा है

उसे रोक लो वह जा रहा है

वह जा रहा है साइकिल रिक्शे से

वह जा रहा है माल ढोते ट्रकों से

वह जा रहा है मालगाड़ी से

वह जा रहा है टैंकर के भीतर बैठकर

वह जा रहा है कंटेनर से

फिर भी कोई नहीं ले जा रहा है

तो वह पैदल ही जा रहा है

उसका सोशल डिस्टेंस का पैमाना बहुत बड़ा है

वह आप से 1 मीटर दूर नहीं मीलों दूर खड़ा है

बुनकर लाया था वह यहाँ अनगिनत सपने

पर यह शहर वाले कब हुए उसके अपने

आँखों में घर की प्यास लेकर

अपनों से मिलने की आस लेकर

सूनी डगर पर चलता जाता

नगर छोड़ चला नगर निर्माता

वह चला जायेगा दुत्कार खाता,

देखो देखो वह जा रहा है

उसे रोक लो वह जा रहा है

वह पहुँच गया है बॉर्डर पर

वह पहुँच गया है बरेली

वह पहुँच गया है चंदौली

वह चला जायेगा मधुबनी के किसी गाँव में

कोई चला जायेगा अपने पीपल की छाँव में

वह चला जाएगा अपनों के बीच

ताकि उनके साथ जी भर कर जी सके

या फिर कुछ काम ऐसा कर सके

अगर किसी भी तरह जी न पाया तो जी भर के मर सके।

-महेंद्र अजनबी

* शाम के 5:00 बज चुके हैं। भारत में अब तक की अपडेट यह है कि कोरोना मरीजों की संख्या 979, कुल मौत 25, पिछले 24 घण्टों में 106 नये मामले सामने आयें हैं तथा 6 लोगों की मौत हो चुकी है।

* इतने दिनों से हम गम्भीर नहीं थे; आज हमने भी एक मास्क मँगा लगा लिया। पूरा 200 रुपये का आया है। आज एक सफलता और मिली कि जिलाधिकारी से छोटे बेटे को गाजियाबाद लाने की परमिशन मिल गयी है, रात को उसे गाजियाबाद लेने जाऊँगा, साथ में भतीजा राहुल भी होगा।

30 मार्च 2020

* आज की पूरी रात जागते हुए निकल गयी; जिलाधिकारी की परमिशन मिलने के बाद बेटे को लेने गाजियाबाद जो जाना था। रात 12:30 बजे निकले अलीगढ़ से मुकेश को भी साथ लेना था, क्योंकि वह निर्वाचन कार्यालय में पदस्थ है, इसके उसके पास विशेष कर्फ्यू पास था, फिर यह सोचकर कि क्यों उसकी नींद खराब की जाय। इसलिए हम दोनों ही निकल गये। शाम को ही शासनादेश आ गये थे अब जिलों की सीमा भी सील हो जायेंगी... लेकिन ऐसा न तो अलीगढ़ जिले की सीमा पर दिखायी दिया और न बुलंदशहर की सीमा पर। दादरी के बाद ज़रूर हमारी गाड़ी को चार बार रोका गया। दो जगह तो जिलाधिकारी का अनुमति-पत्र भी माँगा गया। देखने के बाद ही आगे जाने दिया। आवश्यक खाद्य सामग्री के वाहनों को जाने दिया जा रहा था। हम प्रातः 3:00 बजे फ्लैट पर पहुँच गये। बचे हुए दूध की दो चाय बनवाकर पीने के बाद सुस्ती दूर हुई। प्रातः 3:25 पर वापस सिकंदराराऊ के लिए रवाना हो गये। लौटते में हमारी गाड़ी की कहीं भी चेकिंग नहीं हुई और सुबह 6:00 बजे तक सिकंदराराऊ आ गये।

* लेकिन आते और जाते वक्त के जो हृदय विदारक दृश्य थे, उनका वर्णन

सम्भव नहीं है। मैं तो 22 मार्च के बाद पहली बार रोड पर निकला था, लेकिन बताने वाले बताते हैं कि 2 दिन पूर्व के दृश्य तो और भी अधिक कारुणिक थे। पूरे रास्ते लोग काफिलों में अपने अपने सिर पर सामान का बोझा रखकर, स्त्रियों के हाथों में दूधमुँहे बच्चे, छोटे-छोटे बच्चे उनके हाथों में भी छोटा-सा थैला; 12 साल के बच्चे के सिर पर भी कपड़ों की गठरी लिये चले जा रहे हैं। सुनसान-वीरान अँधेरी सड़कों पर, मंजिल का पता तो है लेकिन वहाँ तक पहुँच भी पायेंगे या नहीं ये किसी को नहीं पता। कोरोना संक्रमण से पहले कहीं यह थकन, भूख और प्यास न मार दे। ऐसा एक काफिला नहीं... सैकड़ों काफिले पैरों से लँगड़ाते हुए रास्ते में मिले। किसी को बक्सर जाना है, किसी को इलाहाबाद, किसी को कानपुर तो किसी को इटावा।

*   आज दोपहर में ओज के सुविख्यात कवि श्री कृष्ण मित्र जी को फोन मिलाया। मित्र जी गाजियाबाद में ही रहते हैं। मेरे आवास से मुश्किल से 100 कदम की दूरी पर ही उनकी कोठी है; मेरे स्थानीय अभिभावक भी हैं वह। बहुत दिनों से बात नहीं हुई थी यही सोचकर उनका हालचाल जानने का मन हो आया। फोन मिलाते ही मैंने सर्वप्रथम चरण स्पर्श किया। उधर से आशीर्वाद मिला। आवाज में पहले जैसा जोश नहीं था। मैंने पूछा- दद्दू दिन कैसे कट रहे हैं? उन्होंने बुझे स्वर में कहा- मेरे लिए काहे के दिन गुजारना, मैं तो बीमारी के चलते पिछले 2 माह से अपने कमरे में ही लॉकडाउन हूँ, कमजोरी की वजह से बाहर नहीं निकल पाता... 88 वर्ष का हो गया हूँ इसलिए स्मरण शक्ति भी क्षीण हो गयी है, नया कुछ लिख नहीं पा रहा, बस मैं और पत्नी दोनों एक कमरे में पड़े रहते हैं। जैसे पहले टीवी और मोबाइल से वक्त काटता था वैसे ही ये लॉकडाउन के दिन काट रहा हूँ। जैसे ही मैंने दिल्ली छोड़कर अपने अपने घर पलायन करते हुए श्रमिकों के बारे में बताया तो एकदम उनका अतीत का दर्द फूटकर बाहर आ गया। बोले- डॉक्टर साहब यह दृश्य बिलकुल ऐसे लगते हैं जैसे 1947 का भारत-पाकिस्तान का विभाजन हुआ था। कल से टीवी पर इन दृश्यों को मैं भी देख रहा हूँ तो मुझे अपने पुराने दिन याद आ जाते हैं। हम लोग जब पाकिस्तान से भागकर आये तो इसी तरह काफिलों में चले थे। जितना सामान साथ ला सकते थे उतना ले आये शेष वहीं छोड़ आये। अब तो सरकारें बस भी लगा रही हैं तब तो इतने साधन भी नहीं थे। पैदल ही वहाँ से चल दिये थे। रास्ते में लोगों ने हमारी माँ-बहनों के साथ दुर्व्यवहार किया, बलात्कार किये, हमारे सोना, चाँदी, नकदी तक लूट लिये थे, जो पास में बचा उसी को लेकर अपने वतन आ गये।

क्योंकि सबके दिलों में बस यही तमन्ना थी कि कैसे भी हिंदुस्तान की सरहद में पहुँच जायें, वहीं मजदूरी और धंधा-पानी करके जीवन यापन कर लेंगे, मरना होगा तो वहीं सुकून से मरेंगे। आज सड़कों पर जिस तरह से लोग बिना रुके बिना थके जा रहे हैं, दिल में इनके भी वही इच्छा है मरना तो है ही यहाँ रहकर भूख-प्यास से या कोरोना से मरने से बेहतर है अपने गाँव के अपनों के बीच में मरें। उनकी इस व्यथा को सुनकर मेरी आँखों में आँसू आ गये।

संतोष इस बात का अवश्य है कि कम से कम इस समय पीड़ितों के साथ ऐसी लूटपाट की कोई घटना सामने नहीं आयी बल्कि जिस शहर से या जिस गाँव से यह लोग गुजर रहे हैं वहां के लोग इनके लिए सहानुभूति पूर्वक चाय-बिस्किट बच्चों के लिए दूध खाने के पैकेट दवाई आदि देकर आगे विदा कर रहे हैं। किसी ने सोचा भी नहीं था कि आजाद भारत में इस महामारी के कारण ऐसे भी हृदय-विदारक दृश्य देखने पड़ेंगे।

*	नींद पूरी न होने के कारण शरीर टूट रहा है। सिर्फ 3 घण्टे ही नींद आयी है वह भी गहरी नहीं थी। आज भी क्लीनिक पर अकेला हूँ। गाँव में किसी के गुजर जाने के कारण कम्पाउण्डर साहब नहीं आये।

*	भारत में संक्रमण बढ़ता ही जा रहा है। संक्रमितों की संख्या 1107 से ऊपर की हो गयी गयी। अकेले उत्तर प्रदेश में अभी तक 91 हो गये हैं। संतोष इस बात का है कि जिस प्रकार रोगियों की संख्या बढ़ रही है उसके अनुपात में ठीक होने वालों की संख्या भी निरंतर बढ़ती जा रही है।

*	ग्रुप पर आया हुआ एक लतीफा देखिए-

एक महिला, सहेली के गाँव आयी हुई थी। लॉकडाउन के चलते वह उसी के पास फँस गयी। अब तो वह दोनों अकेले कमरे में कैद करीब 1 महीने बाद उसे वापस जाने का शुभ अवसर मिला। अगली बात सुनकर आप भावुक हो जायेंगे, लेकिन दिल पर पत्थर रखकर सुनिए। जाते-जाते वह अपनी सहेली से बोली-सखी बाकी बातें फोन पर होंगी।

*	आज घर के दोनों बच्चों के साथ सड़क पर खेलकर अपने मन को बहलाने का प्रयास किया है।

31 मार्च 2020

* आज सुबह 6:30 बजे आँख खुल गयी। दुर्गा सप्तशती के शेष अध्याय डेक पर लगा दिये। दरवाजे से अखबार उठा लाया। ग्रीन टी के साथ अखबार बाँचने बैठ गया। मुख्य पृष्ठ पर ही तसल्ली देने वाली खबर पढ़ीं। 14 अप्रैल के बाद लॉकडाउन नहीं बढ़ाया जाएगा। यह खबर पूरे भारत को सुकून देने वाली है। सब लोग इस उम्मीद में है कि पिछले एक सप्ताह से जीवन का रुका हुआ चक्का फिर से चलने लगेगा।

* भारत में अब तक 1237 के सामने आ चुके हैं 31 की मृत्यु हो चुकी है तथा 111 ठीक भी हो चुके हैं।

* हमारे लिए एक और गर्व करने का समाचार, हमारे कवि कुल के चिराग चिराग जैन का एक उत्तम लेख दैनिक जागरण के सम्पादकीय पृष्ठ पर आज प्रकाशित हुआ है। यह अति गौरव की बात है, प्रिय चिराग को बहुत-बहुत बधाई। आपको बता दूँ यह वही लेख है जिसका छोटा-सा अंश 2 दिन पूर्व मैंने इस डायरी में लिखा भी है।

* आज फ्रूट भी खत्म हो गये हैं। छोटे से शहर के फायदे ये हैं कि फोन कर दो तो होम डिलीवरी हो जाती है। मैं मार्केट में जाना नहीं चाहता, क्योंकि 3 घण्टे की इस ढील में दुकानों पर लोगों की इतनी भीड़ जमा हो जाती है कि सोशल डिस्टेंसिंग में रहना अत्यंत मुश्किल हो जाता है।

* हिंदी मंचों के शिखर ओज कवि श्री हरिओम पँवार जी से फोन पर बात करने का मन हुआ। सोचा जाना जाय कि कैसे दिन काट रहे हैं भाई साहब। फोन मिलाया, बोले- भैया जी आजकल गीता पढ़ रहा हूँ, जैसे-जैसे उसको आगे पढ़ता जाता हूँ ऐसा लगता है अब तक का जीवन हमारा निरर्थक गया। दाढ़ी बढ़ा रखी है, कवि सम्मेलन बंद है इसलिए ब्लेड के पैसे बचा रहा हूँ (ये परिहास था उनका)। 13 मार्च को बड़ौदा में कवि सम्मेलन था उसके बाद सारे प्रोग्राम कैंसिल हो गये। अब मन है कि 23 मई के बाद मैं कोई कवि सम्मेलन न करूं यानी संन्यास ले लूँ। मैंने पूछा-‘‘प्रधानमंत्री राहत कोष में आप कुछ दान नहीं दे रहे?’’ इस पर बोले-‘‘देख विष्णु मुझे जमीनी स्तर पर काम करना अधिक पसंद है; मेरठ में लॉक डाउन के चलते रोज 1000 लोगों के खाने का उपक्रम मेरे द्वारा शांति पूर्वक किया जा रहा है, मैं रिलीफ फण्ड में चेक देकर अखबार में

फोटो नहीं छपवा सकता। सरकारी रिलीफ फंड में अकूत धन राशि पहले से जमा है, उसको सरकार खर्च नहीं कर पा रही... अभी तक इस फण्ड में से सिर्फ 15 प्रतिशत पैसा खर्च हुआ है। आज उनकी इन बातों से मुझे अपने कई प्रश्नों का उत्तर मिल गया। मैंने पूछा- ''पूरे दिन और क्या-क्या करते हो भाई साहब?'' बोले -''घर का लॉन बहुत बड़ा है उसमें चहलकदमी करता रहता हूँ और टीवी देखते हुए पूरा दिन गुजार देता हूँ। मेरा भी लंच का समय हो गया था, थाली सामने थी इसलिए औपचारिक राम राम करते हुए उनसे विदा ली।

*   कोरोना से सम्बन्धित एक शेर देखिए-

आसमाँ से मौत कैसे आएगी सोचा ही था
एक परिंदा झील से मछली उठाकर ले गया

-कमरुद्दीन फलक

*   एक जगह एक ओशो का विचार पढ़ा था जो आज के माहौल पर बिलकुल सटीक बैठता है।'' ऐसा पहले भी हजारों बार हुआ है और आगे भी होता रहेगा और आप देखेंगे कि आने वाले वर्षों में युद्ध तोपों से नहीं बल्कि जैविक हथियारों से लड़े जायेंगे।''

*   ओशो का यह कथन सत्य होता दिखाई दे रहा है। कभी-कभी सोचता हूँ भला हो कोरोना वायरस का जो छूने पर अपने संक्रमण को फैलाता है; कल्पना कीजिए यह वायरस अगर वायु में होता और साँस के द्वारा हमारे अंदर जाता तो अब तक तो जाने कितने देश शमशान हो गये होते।

*   आज की दुपहरी घर के सदस्यों के साथ हमने ताश खेलकर बितायी। लगभग 2 घण्टे तक खेले। चित्रांश इस गेम से अपरिचित थे, थोड़ी देर में ही उन्होंने इस गेम को सीख लिया और आनंद लिया।

*   अभी-अभी एक खबर ने परेशान करके रख दिया है। दिल्ली में निजामुद्दीन की एक मस्जिद में जमात में आए डेढ़ हजार लोग जिनमें कुछ लोग कोरोना से संक्रमित थे वह जब दिल्ली से देश के अलग-अलग प्रांतों में रवाना हो गये। अण्डमान निकोबार की सूचना पर दिल्ली सरकार चेती। आज सुबह तक 8-9 लोग उनमें से मर भी गये हैं। इन लोगों ने कितने लोगों को छुआ होगा जिस जगह ये गये हैं जाने कितने लोगों के सम्पर्क में आये होंगे। उन सबको इस बीमारी से ग्रसित कर देंगे। ये लोग एक तरह से कहीं मानव बम साबित न हो जायँ। इन लोगों ने एक प्रकार से लॉकडाउन में पलीता लगा दिया।

1 अप्रैल 2020

* सुप्रभात

* 1 अप्रैल है आज। प्रभु से प्रार्थना है कि आज हमें कोई मूर्ख न बनाये।

* दर तक काम करने के बाद आज जागने में थोड़ी देर हो गयी। 8:00 बजे आँख खुल पायी। अखबार देखा तो आश्चर्य से आँखें फटी रह गयीं, पूरे विश्व में अब तक 825000 केस सामने आ गये जिनमें 40000 मौत हो गयी और समुचित इलाज से 172435 लोग स्वस्थ भी हो गयी। हमारे भारत में अब तक 1555 कुल केस हुए हैं जिनमें 39 की मृत्यु हो चुकी है तथा 126 लोग स्वस्थ होकर अपने घर जा चुके हैं। चिंता की बात यह हो गयी कि तबलीगी जमात की लापरवाही के कारण हमारे हाथरस जिले में तथा सासनी में भी 8 जमातियों को क्वॉरंटाइन किया गया है। खुदा करे सभी की रिपोर्ट निगेटिव निकले।

* कल से मेरे पास मुस्लिम लोगों का आना कम हो गया है। जबसे तब्लीगी मरकज की सूचना टीवी पर आयी है। शायद उन्हें अपने ऊपर ग्लानि हो रही होगी कि इस अभियान को एक बड़ा झटका उनकी कौम ने दिया है। आज की तारीख में भारत के लिए मरकज में पाये गये लोग एक तरह से कोरोना बम के समान हैं।

* लॉकडाउन का आज आठवाँ दिन है, लोग अब घरों में अकेले रहकर ऊबने लगे हैं। अकेलेपन पर एक विचारक का विचार देखें- ''अकेलापन सजा है और एकांत इस संसार में सबसे बड़ा वरदान। यह दो समानार्थी दिखने वाले शब्दों के अर्थ में आकाश-पाताल का अंतर है। अकेलेपन में छटपटाहट है तो एकांत में आराम है; अकेलेपन में घबराहट है तो एकांत में शांति। जब तक हमारी नजर बाहर की ओर है तब तक हम अकेलापन महसूस करते हैं और जैसे ही नजर भीतर की ओर मुड़ी तो एकांत अनुभव होने लगता है। यह जीवन और कुछ नहीं वस्तुतः अकेलेपन से एकांत की ओर एक यात्रा ही है, ऐसी यात्रा जिसमें रास्ता भी हम हैं, राही भी हम हैं और मंजिल भी हम ही हैं।''

* खाली-खाली सड़कों पर छोटे-छोटे बच्चों को क्रिकेट खेलते हुए देखकर अच्छा लग रहा है पुलिस की गाड़ी आते ही बच्चों की टोली भाग खड़ी होती है और जाते ही फिर से जमा हो जाते हैं।

*   एक व्यंग्य टिप्पणी देखें- लेबर पेन अब तक सिर्फ गर्भवती महिलाओं को होता था, अब मजदूरों के पलायन के बाद यह फैक्ट्री मालिकों को भी शुरू हो सकता है।

*   अभी-अभी फेसबुक पर तेज नारायण शर्मा का फुल टॉस पढ़ा, लिखा था- मेरा भी मन आज रात 8ः00 बजे आप लोगों के बीच फेसबुक पर जोर-जोर से लाइव आने का कर रहा है ताकि लाइव आने वाले लपूझन्नों को बता सकूँ कि भय्यू हालत चिंताजनक है ऐसे में लाइव आना नहीं लाइव दिखना ज्यादा जरूरी है।

सही कहा भाई तेज नारायण ने। यह पोस्ट शायद उन्होंने मेरी पोस्ट को पढ़कर ही डाली होगी। आज मैंने अपने मित्रों से लाइव आने का समय पूछा था कि कौन-सा समय उचित है। जीवन में मैं कभी लाइव नहीं हुआ, क्योंकि मुझे कभी इस तकनीक का पता नहीं चला, लेकिन दोनों बच्चों का आग्रह था इसलिए सोचा इस कौतूहल से भी गुजरा जाय। वैसे जो लोग इन दिनों एफबी लाइफ आ रहे हैं वह बहुत अच्छा कर रहे हैं। जैसे सर्वेश अस्थाना शाम को रोज 5ः00 बजे आते हैं, कोरोना जनित बीमारी से सम्बन्धित कुछ न कुछ नयी जानकारी देते हैं जो हमारे दैनिक जीवन में लाभप्रद हैं। श्री प्रवीण शुक्ल भी लगभग रोज रात को 8ः00 बजे आते हैं, अपनी कविताएँ सुनाते हैं। ऐसा होना कोई बुरी बात नहीं है। अगर कोई लोगों से रूबरू होकर अपने दोस्तों से बात करना चाहता है तो उसका उपहास नहीं होना चाहिए। तेज नारायण जी मूलतः व्यंग्यकार हैं इसलिए उन्हें यह लिखना पड़ा। वैसे वह मन के बहुत अच्छे हैं लेकिन एक बात उन्हें अच्छी तरह सागझ लेनी चाहिए। जितने लोग लाइव आ रहे हैं वह सब अपने अपने घरों में लॉकडाउन के पूरे नियमों का पालन कर रहे हैं।

*   आज दोपहर को सुनने में आया। कि एक व्यक्ति सिकंदराराऊ में भी बाहर से आया है। लोगों की शिकायत पर पुलिस प्रशासन की टीम आयी तो उसके आने से पहले ही भाग गया। लोगों की समझ में इतना समझाने के बाद भी यह क्यों नहीं आता है कि अगर आपकी बाहर से आमद है तो चेकिंग या एकांत में रहने में क्या परेशानी है; हमारी एक गलती जाने कितने जीवन निगल सकती है।

*   एक अमानवीय घटना और हुई है कि प्रशासन ने सभी राशन डीलर को राशन बाँटने के लिए आदेश जारी कर दिया है डीलर ने... 12ः00 बजे तक दुकान ही नहीं खोली। 12ः00 बजे के बाद खोलकर जब भीड़ को बाँटना शुरू किया तो हर क्रेता को धोखा देकर आधा किलो चावल और गेहूँ कम तोलकर देने

लगा। जाने कितने लोग लेकर चले गये। किसी तेजतर्रार व्यक्ति ने उसकी चोरी पकड़ ली बहुत बबेला हुआ। प्रशासन आ गया लगभग। 2 घण्टे ड्रामा होता रहा। कितने निर्मम लोग हो गये हैं। ऐसे मुसीबत के समय में जब गरीबों को लोग भोजन बाँट रहे हैं तब ऐसे लोग उनको मिलने वाले हक को भी कम करके दे रहे हैं। घिन आती है समाज के इन लोगों पर।

* कोरोना ने इस वक्त समूह में न रहना सिखा दिया मतलब एकला चलो रे। पति बोले-तुम कहाँ हो पत्नी ने जवाब दिया- आपके दिल में पति ने फिर मुस्कुराते हुए कहा-तुम्हें मैंने कितनी बार समझाया है कि भीड़भाड़ वाली जगह पर मत जाया करो।

2 अप्रैल 2020

* सुप्रभात

* आज रामनवमी, नवरात्रि का अंतिम दिन।

* पूरे विश्व में कोरोना के 912098 केस हो चुके हैं। 45540 मौतें हो चुकी हैं तथा 190933 लोग ठीक हो चुके हैं। निजामुद्दीन में तबलीगी मरकज काण्ड के बाद भारत में मरीजों की संख्या में एकदम बढ़ोत्तरी हुई है। अब तक 1913 के सामने आ चुके हैं जिनमें 50 मर भी चुके हैं तथा 132 ठीक होकर अपने घर जा चुके हैं।

* अखबार जब पढ़ा तो मालूम हुआ हमारी सिकंदराराऊ की दो मस्जिदों में से भी 38 जमाती निकाले गये हैं। उन्हें क्वॉरंटाइन कर दिया गया है। प्राथमिक जाँच में लगभग सभी जमाती स्वस्थ हैं। एक जमाती को हल्का-सा खाँसी जुकाम है।

* कितनी शर्म की बात है कि देश में कुछ जगहों पर मुस्लिम धर्म के लोगों ने पुलिस पर पथराव किया है तथा उनका चेकअप करने गयी डॉक्टर्स की टीम पर थूका भी है। उनकी इस बदतमीजी पर थू। जो पुलिसकर्मी और चिकित्साकर्मी प्रथम पंक्ति में खड़े होकर हमारे जीवन की रक्षा कर रहे हैं वह उन पर थूककर कौन-सा इनाम देना चाहते हैं। ऐसे लोगों को इतिहास कभी माफ नहीं करेगा।

क्या यही राष्ट्रधर्म है... क्या यही देशभक्ति है। खैर किसी और शहर की तो मैं नहीं जानता लेकिन मेरे शहर के मुस्लिम लोग अपनी ही कौम के लोगों की इस करतूत से शर्मिंदा प्रतीत होते हैं क्योंकि सुबह से कोई आँख नहीं मिला पा रहा।

*   आज नवमी के दिन पूजा के बाद कन्या लाँगुराओं को जिमाया जाता है। प्रतिवर्ष हम लोग सरस्वती शिशु मंदिर के 150 से 200 बच्चों को स्कूल में जाकर जिमाया करते थे। लेकिन इस बार इस कोरोना महामारी ने सबको सबसे दूर कर दिया। स्कूल बंद है। अन्य घरों से भी बच्चों को बुला नहीं सकते, इसलिए अपने घर के किरायेदारों के दो बच्चे, अपनी मेड के दो बच्चे तथा अपने घर के दो बच्चे कुल मिलाकर छह बच्चों को श्रद्धापूर्वक भोजन कराकर दक्षिणा देकर विदा कर दिया। एक खास बात और इन छह बच्चों में भी सोशल डिस्टेंसिंग का पूरा ध्यान रखा गया।

*   आज ग्रुप में आयी श्री घनश्याम अग्रवाल जी की हास्य कविता देखिए-

एक आशिक ने अपनी महबूबा को मोहब्बत का व्हाट्सएप किया

ऐ मेरी जानेमन,

तुझसे मिलने के लिए मैं फरहाद की तरह पर्वत काट सकता हूँ,

महिवाल की तरह दरिया में उतर सकता हूँ,

राँझा की तरह जंगल-जंगल भटक सकता हूँ,

और मजनूँ की तरह पत्थरों से सर को लहूलुहान कर सकता हूं,

मगर इसका कफर्यू में पुलिस के डण्डे खाकर तुझसे मिलने नहीं आ

सकता।

(मतलब यह कि मामला कोरोना का हो या मोहब्बत का, घर में रहना ही सेफ़ है।)

*   आजकल हिन्दी मंचों की प्रसिद्ध कवयित्री इंदौर निवासी डॉ. भुवन मोहिनी को फोन किया तो इंगेज टोन आयी। फोन रख दिया। 5 मिनट में कॉल बैक आ गयी। मैंने पूछा- ''इतनी व्यस्त रहने वाली कवयित्री आजकल बिना माइक और बिना लिफाफे के कैसे दिन काट रही हैं?'' बोली- दादा बहुत आलसी हो गयी हूँ इन दिनों; आराम से उठती हूँ, कहीं आने जाने की कोई जल्दी नहीं है, 15 तारीख़ के बाद फ्लैट से नीचे नहीं उतरी हूँ, सोचने को कुछ बचा नहीं है बस पूरे दिन टीवी खोलकर बैठी रहती हूँ... 25, 26 वेब सीरीज देख चुकी हूँ अब तक।

रामायण भी तब आयी है, जब मैंने वह भी 3 दिन पूर्व पूरी देख ली थी। इस वक्त झाड़ू-पोछा खाना सब मैं ही कर रही हूँ, घर में हम दो ही तो प्राणी हैं।'' मैंने पूछा-बेटा? तो इस प्रश्न पर गंभीर हो गयीं, बोली- "लॉकडाउन से पूर्व अपनी नानी के घर चला गया था तब से वही फँसा है, ला ही नहीं पा रहे हैं।'' मुझे लगा इनके यहाँ तो बिलकुल मेरे जैसा हाल है, मेरा भी बड़ा बेटा मुम्बई में फँसा पड़ा है, छोटे को तो निकालकर ले आया। फिर मैंने पूछा कौशल घर के काम में हाथ बटा देते हैं? तो बताया कि उन्होंने कभी भी घर के काम में हाथ नहीं बहाया, उनके लिए कोई फर्क नहीं पड़ता।'' भुवन ने एक विशेष बात बतायी- "एक दिन घर में काम करने वाली बाई तो बोल रही थी बीबी जी, जब घरों में काम करने जाती थी तो घर का माहौल भी ठीक रहता था, जब से घर पर रहने लगी हूँ घर में पति से रोज क्लेश होने लगी है। पति को पत्नी कम देखे तो प्यार करती है हर वक्त उसकी आँख के सामने रहे तो खटकने लगता है। बीबी जी, पता नहीं कब खुलेगा यह लॉक डाउन। फिर उन्होंने एक गीत का मुखड़ा सुनाया और विदा ली।

*   आज बहुत एक्साइटमेंट भी है और घबराहट भी। शाम 6:00 बजे फेसबुक पर लाइव आना है। हालाँकि चित्रांश ने पूरी व्यवस्था कर दी है... देखते हैं क्या होता है और कैसे होता है।

*   लाइव होने के बाद सारी घबराहट खत्म हो गयी। जहां 15 से 20 मिनट में लाइव खत्म करना था, पूरे 40 मिनट हो गये। पता ही नहीं पड़ा। बोलने का इतना अभ्यास नहीं है फिर भी आज इतनी देर बोला तो आत्मविश्वास बढ़ गया। कुल मिलाकर मजा आ गया। 17100 कमेंटस आये हैं, 150 लोगों ने शेयर किया तथा 50,000 से अधिक ने देखा।

*   आज से हमने भी ज़मीनी काम किया। गरीबों के लिए भोजन की व्यवस्था की... 60 निर्धन व्यक्तियों के लिए भोजन के पैकेट पहुँचाने की रानू पण्डित के माध्यम से व्यवस्था करायी।

3 अप्रैल 2020

*   सुप्रभात

*   नवरात्रि समाप्त हो चुके हैं इसलिए आज किसी को भी जागने की जल्दी

नहीं है। मैंने तो 8:00 बजे जागकर बिस्तर त्याग दिया, श्रीमती जी 8:30 बजे तक सोती रहीं।

* पूरे विश्व पर अगर नजर डालें तो अब तक 9 लाख 61 हजार 343 केस सामने आ चुके हैं, 49160 की मृत्यु हो चुकी है तथा 203153 लोग इलाज के बाद स्वस्थ भी हो चुके हैं

भारत की ओर देखें तो तबलीगी जमात के कारण यहाँ भी संख्या में एकदम बढ़ोत्तरी हुई है। 2331 कुल संक्रमित लोगों की संख्या है। 73 लोग इस संक्रमण से मौत के मुँह में जा चुके हैं और 174 लोग ठीक हो गये हैं।

* पूरे भारत में रामपुर, मुँगेर, इंदौर इत्यादि स्थानों पर डॉक्टर्स की टीम पर पथराव की सूचना व्यथित कर रही है। सोचने पर मजबूर करती हैं कि इस्लाम किस रास्ते पर जा रहा है। संक्रमित लोगों का पुलिस के ऊपर थूकना और जानबूझकर संक्रमण को फैलाना किसी सोची-समझी रणनीति का हिस्सा प्रतीत होता है। कितनी गिरी हुई हरकत है। गाजियाबाद में जहाँ तबलीगी जमात के कुछ लोग रह रहे हैं जब डॉक्टर नर्स वहाँ इनका इलाज करने गये तो वह पूर्णतया नंगे घूम रहे थे, नर्सों से भद्दा मजाक कर कर रहे थे। चंद लोग पूरी कौम को बदनाम करने के लिए काफी हैं। शायद ऐसे लोगों को देखकर ही यह कहावत बनी होगी एक मछली सारे तालाब को गंदा कर देती है।

सुबह 9:00 बजे मोदी जी ने वीडियो के माध्यम से एक संदेश दिया कि इस मुसीबत की घड़ी में कोई स्वयं को अकेला न समझे इसलिए 5 अप्रैल की रात 9:00 बजे अपनी बालकनी में छत पर दरवाजे पर 9 मिनट दिया, मोमबत्ती, टॉर्च इत्यादि जलाकर प्रकाश करें। आज का संदेश कुछ लोगों को व्यर्थ लग सकता होगा, लेकिन मेरा मानना है यह पूर्णतया मनोवैज्ञानिक है।

* कई दिनों से सोच रहा था मेरे मंचों के हमसफर दोस्त भाई श्री अरुण जेमिनी से बात करूँ। जब भी फोन मिलाता व्यस्त ही जाता आज घण्टी चली गयी। मेरे हैलो करते ही उधर से आवाज आयी और डार्लिंग क्या हाल है तेरे? मैंने राम राम की और कहा आज तो मुझे आपके हाल पूछने हैं। बोले- यार कोई काम तो है नहीं इसलिए 8:00 बजे सोकर उठता हूँ, फ्रेश होकर जम के नाश्ता करता हूँ, फिर व्हाट्सएप चेक करता हूँ, जिनका जवाब देना होता है उनके जवाब दे देता हूँ। कल एक लेख भी लिखा और भास्कर में छपने भी भेज दिया है। दोपहर को खाना खाता हूँ। बनाना मुझ पर आता नहीं इसलिए बनाने में मदद

नहीं कर पाता... लेकिन हाँ बर्तन मांजने में मदद जरूर कर देता हूँ। क्योंकि अमेरिका में बहुत साफ किये हैं वहाँ का अनुभव अब काम आ रहा है। बर्तन भी इतने बुरे माँजता हूँ कि घरवाली कहती है तुम रहने दो। मैंने चुटकी लेते हुए पूछा- पुरानी प्रेमिकाओं के फोन आते हैं या नहीं? इस पर चहकते हुए बोले- उनके तो नहीं आते मैं ही उन्हें कर लेता हूँ; इस पर लिखी एक कविता का भाव बताता हूँ। अपनी प्रेमिका को मैंने वीडियो कॉल लगाया, उसने कॉल काट दी और नॉर्मल कॉल से बात की। मैंने कहा तुमने ऐसा क्यों किया तो उसने जवाब दिया मैं वीडियो कॉल नहीं कर सकती क्योंकि मैं भी तुम्हारी पत्नी की तरह चुड़ैल ही दिखूँगी, क्योंकि ब्यूटी पार्लर सभी बंद है। मुझे बड़ी हँसी आयी। कुछ देर और बात की राम-राम कह के फोन डिस्कनेक्ट कर दिया।

*   अर्ज किया है-

क्या करें और कहाँ जायें यह तो अभी 21 दिन का रोना है
घर में बैठी है शेरनी बाहर कोरोना है।

4 अप्रैल 2020

*   सुप्रभात

*   आज भी खूब सोया। 8:00 बजे जागा हूँ। अरे बाप रे! भारत में संक्रमित लोगों की संख्या में एकदम इतनी बढ़ोत्तरी!! आज सुबह तक 3028 हो चुके हैं, 80 मरे भी हैं तथा 162 ठीक भी हुए हैं। इसी प्रकार पूरे विश्व में 1074290 संक्रमित केस सामने आ चुके हैं, 56989 मृत्यु हो चुकी हैं तथा 226063 लोग समुचित इलाज से ठीक भी हो गयें हैं।

*   दिन-प्रतिदिन यह संक्रमण हमारे देश के लिए भी चिंता का विषय बनता जा रहा है।

*   तमाम व्हाट्सएप संदेशों तथा अखबार के माध्यम से पढ़ने को मिल रहा है कि 5 अप्रैल को दिये जलाने का जो कॉन्सेप्ट है वह वैज्ञानिक भी है और ज्योतिषीय भी। ये विचार अभी कितना सही है या कितना गलत, यह तो बाद में पता चलेगा, लेकिन मैं तो इतना मानता हूँ कि यह मनोवैज्ञानिक अवश्य है।

* आजकल दोनों वक्त रामायण देखने को मिल रही है; पूरे दिन के तनावपूर्ण वातावरण को खत्म करने के लिए यह जरिया अति उत्तम है

एक लतीफा देखिए-

रामायण देखने के बाद पति - हे प्रिय! शीतल जल दो

पत्नी- स्वयं लेने की आदत डालो हे आर्यपुत्र, लॉक डाउन है बनवास नहीं।

* अभी-अभी ज्ञात हुआ कि मेरे नगर के भाजपा के कर्मठ कार्यकर्ता पूर्व नगर अध्यक्ष श्री उपेंद्र वार्ष्णेय का हृदय गति रुकने से स्वर्गवास हो गया है; प्रभु उनकी आत्मा को शांति दे। लॉकडाउन के चलते मरना भी दुश्वार हो गया है इन दिनों। लोग मरने वाले के घर भी बहुत कम पहुँच रहे हैं सोशल डिस्टेंसिंग के कारण उसके पास या उसके परिवारी जनों के पास जाना भी उचित नहीं समझ रहे, कैसी विडम्बना है।

* अभी-अभी हमारे युवा गीतकार प्रिय गजेंद्र प्रियांशु का फोन आ गया। कोरोना संक्रमण के मद्देनजर मेरा कुशलक्षेम जानने के लिए फोन किया था उन्होंने। बहुत ही सरल हृदय व्यक्ति हैं। मैंने उनसे पूछा गजेंद्र तुम कैसे व्यतीत करते हो पूरा दिन, इन दिनों का खालीपन क्या तुम्हें काटता नहीं है? बोले सर काटता तो है लेकिन इन दिनों हम शकुंतला पर खंडकाव्य लिखने में व्यस्त हैं, अधिक समय इसी में चला जाता है; इस वक्त बाराबंकी में नहीं हैं अपने गाँव में हैं। यहाँ कोई कोरोना वायरस का खतरा नहीं है, चौपाल पर बैठकर खूब गप्पबाजी होती है... खूब खा रहे हैं, खूब सो रहे हैं, शायद इन 21 दिनों में कुछ हमारा वजन बढ़ जाय। उनके वजन बढ़ने की कामना करते हुए हमने फोन बंद कर दिया।

5 अप्रैल 2020

* आज लॉकडाउन का 11वाँ दिन है। 9 दिन और शेष हैं, लेकिन कोरोना की संक्रामकता कम होने का नाम नहीं ले रही, न तो विश्व में और न ही भारत में। यहाँ तो अंकुश लग भी जाता, लेकिन मरकज के जमातियों ने इस सुधार में पलीता लगा दिया।

*   पूरे विश्व में अब तक 1172566 लोग इस संक्रमण से जूझ रहे हैं। जो लोग इस लड़ाई में हारकर मृत्यु के मुँह में चले गये उनकी संख्या 62811 हो गयी है। 2 लाख 42 हजार 81 लोग समुचित इलाज से ठीक होकर घर भी जा चुके हैं।

भारत में संक्रमित व्यक्तियों की संख्या प्रतिदिन बढ़ती ही जा रही है; अब तक 3498 तक संख्या पहुँच गयी है। 100 लोग मारे जा चुके हैं तथा 1200 सौ लोग ठीक भी हो चुके हैं।

*   हमारे हाथरस जिले में भी 4 जमाती कोरोना पॉजिटिव पाये गये हैं। यह सब सासनी के हैं इसलिए पूरे सासनी की सीमा सील कर दी गयी है। प्रभु से कामना है यह संक्रमण मेरे शहर में न आये। वैसे प्रशासन अपनी तरफ से पूरी कोशिश कर रहा है कि यह संक्रमण किसी भी तरह रुके। जो लोग प्रशासनिक कार्यों में बाधा डाल रहे हैं, मुख्यमंत्री योगी जी ने उन पर रासुका लगाने के आदेश जारी कर दिये हैं। इलाहाबाद में जमात के विरुद्ध किसी ने कुछ कह दिया तो एक युवक ने उसको गोली मार दी और वह मर गया। प्रशासन ने उस युवक को गिरफ्तार कर रासुका लगा दी है।

*   आज नागौद (सतना) निवासी हास्य-व्यंग्य के शानदार कवि श्री अशोक सुंदरानी से बात हुई। अशोक बहुत सरल-सहज व्यक्ति हैं। स्वास्थ्य के प्रति अत्यंत सजग रहने वाले हमारे कवि परिवार में अगर अशोक चक्रधर प्रथम हैं तो अशोक सुंदरानी द्वितीय। कवि सम्मेलन में वह किसी भी शहर में हों 3 से 4 किलोमीटर उनका घूमना अत्यंत आवश्यक है। वह तब तक घूमते हैं जब तक उनकी बनियान पसीने से गीली न हो जाय। मैंने उनसे पूछा अशोक जी आप तो बहुत व्यस्त रहने वाले कवि हैं, कैसे काटते हैं यह पहाड़ जैसे दिन। उन्होंने बताया- ''डॉक्टर साहब हम तो पहले दिन से ही प्रशासन की अनुमति से शहर के हाईवे पर सुबह से निकल जाते हैं, लोगों को मास्क बाँटते हैं, सैनिटाइजर देते हैं तथा जो असहाय भूखे लोग हैं उन सभी को भोजन के पैकेट की व्यवस्था करते हैं। दोपहर को भोजन करने घर आकर कुछ देर आराम करते हैं, शाम को फिर चले जाते हैं। हमारी पूरी टीम है, सब आपस में चंदा करते हैं। प्रशासन ने अभी तक कोई सहयोग नहीं दिया और न कोई आशा है। इस तरह हमको आज 10 दिन हो गये।'' मैंने कहा- ''अशोक भाई बहुत पुनीत कार्य में आपका समय व्यतीत हो रहा है; इन दिनों लोग घर में रहकर सिर्फ अपने लिए काम कर रहे हैं और तुम बाहर जाकर परोपकार कर रहे हो।'' फिर कुछ कवि सम्मेलन की बातें

हुई रामायण का समय हो गया था... उन्हें भी देखनी होगी, मुझे तो देखनी ही थी। हम दोनों ने रामायण का सहारा लेकर अपनी बातचीत खत्म कर दी।

*   आज मोबाइल पर दो वीडियो आए और दोनों ही वीडियो मुस्लिम लोगों की तरफ से अपील करने वाले थे। एक वीडियो में एक मुस्लिम लड़की शबाना खान जो खुद को अजमेर का रहने वाली बता रही थी। उसने साधारण भाषा में अपनी कौम को जिस तरह लताड़ा; जितने अच्छे ढंग से समझा सकती थी समझाते हुए कहा- आप लोग मान जाओ अपने-अपने घर मे रहो। 10 वीडियो में से नौ वीडियो में जब तुम्हारी हरकतें दिखाई देती हैं तो शर्म से इस्लाम का सिर नीचा हो जाता है। तुम्हें अपने घर में बैठने को कहा है वो भी अपने परिवार के साथ, किसी जंगली जानवर के साथ या जेल के अंदर नहीं डाला है, खुदा के लिए अपने घर में बैठकर नमाज़ पढ़ लो।

*   दूसरे वीडियो में सिराजुद्दीन कुरैशी अध्यक्ष इंडिया इस्लामिक कल्चर सेंटर नई दिल्ली का आया जिसमें उन्होंने भी प्रधानमंत्री की बात का समर्थन करते हुए 4 मिनट की अपनी तकरीर में अपने तमाम मुस्लिम भाइयों को समझाया। इन दोनों वीडियो को देखने के बाद मेरा कहना है और मेरा मानना है कि कोशिश तो खूब हो रही हैं समझाने की, लेकिन इस कौम में अशिक्षित लोग अधिक हैं शिक्षित लोग कम। इन शिक्षितों की बुद्धि को मौलाना-मौलवियों ने इस कदर पर्दे से ढक दिया है कि इनमें अपना अच्छा बुरा सोचने की ताकत ही खत्म हो गयी है। कुल मिलाकर सुई हिंदू-मुस्लिम पर जाकर अटक जाती है।

*   एक हास्य टिप्पणी देखें-

सरकार से निवेदन है कि हेयर कटिंग सलून आधा घण्टे तो खोले। दाढ़ी और बाल इतने बढ़ गये हैं कि सब्जी लेने बाहर निकला तो एक अति उत्साही समाज सेवक ने मेरे हाथ में पूरी-सब्जी का पैकेट पकड़ाकर सेल्फी ले ली और बोला- बाबा पेट भर खाना, हम लोग किसी को भूखा नहीं सोने देंगे। सेल्फी को फेसबुक पर भी पोस्ट कर दिया। घर पहुँचते ही पत्नी चिल्लायी सब्जी लेने गये थे या पूरी-भाजी खाने।

*   रात के 9:00 बजते ही सब लोग अपनी-अपनी छतों पर आ गये हैं। मैं भी अपने परिवार के साथ पहुँच गया। लोगों ने अपने-अपने दरवाजों पर, छतों पर दीपक-मोमबत्तियाँ जलाना शुरू कर दिया है। हमारे मोहल्ले के मुस्लिम परिवारों को छोड़कर चारों तरफ दीपावली का सा माहौल है। मेरे सामने नूरुद्दीन के

परिवार के सभी लोग अपनी छतों पर पहुँच गये हैं तथा अपने मोबाइल की टॉर्च से ही रोशनी कर भारत के साथ होने का आभास करा रहे हैं। पूरे 9 मिनट तक उनके मोबाइल की लाइट जलती रही यह मैंने अपनी आँखों से देखा। अब तो लोगों ने थाली बजाना भी आरम्भ कर दिया है। कुछ मोहल्लों से तो आतिशबाजी भी छूटने लगी है शायद यह सब काम अति उत्साह में हो रहा है जो नहीं होना चाहिए।

* बच्चों के मन बहुत ही निर्मल होते हैं। चारों ओर थाली की आवाज सुनकर एक मुस्लिम परिवार की 3 साल की बच्ची अपने घरवालों से आँख बचाकर एक प्लेट और चम्मच निकालकर सड़क पर आ गयी है और जोर-जोर से बजाने लगी। उसे नहीं मालूम कोरोना क्या है, उसे नहीं मालूम हिंदू-मुसलमान क्या है, उसे नहीं मालूम काँग्रेसी-भाजपा क्या है। वह तो अपने निर्मल भाव से बजा रही है तथा अपने समाज के मुँह पर तमाचा मारकर बता रही है जिधर सब लोग बह रहे हैं उधर तुम क्यों नहीं बह रहे हो, जो सच है उसका साथ तुम क्यों नहीं दे रहे।

* इस दीपावली जैसी रोशनी के कारण आज रामायण का समय भी 15 मिनट बढ़ा दिया गया है। रात के 12:00 बजे तक टीवी पर पूरे देश से जगमगाने की खबरें आती रही। भारत ने पूरे विश्व को बता दिया कि जब पूरा संसार इस आपदा से डगमगा रहा है, आज पूरा भारत जगमगा रहा है। देश के राष्ट्रपति प्रधानमंत्री से लेकर आम झोपड़ी तक में दीपक जलाने की खबरों से सभी देशवासियों का उत्साह दूना हो गया है।

6 अप्रैल 2020

* आमतौर पर 12:00 बजे तक नींद आ जाती है। कल रात 1:30-2:00 बजे तक नींद नहीं आयी... कुछ मच्छरों के कारण कुछ गर्मी के कारण। मजबूरी में पंखा चलाना पड़ा तब जाकर नींद आयी।

* कोरोना वायरस से संक्रमित रोगियों की संख्या में न तो कमी आ रही है और न ही संख्या स्थिर हो रही है। पूरे विश्व में अब तक 1243235 केस सामने आ चुके हैं। कुल मौतें 67911 तथा 256503 केस ठीक हो चुके हैं। स्पेन में अब तक मरने वालों की संख्या 12418 हो गयी है। भारत में भी घबराहट बढ़ाने

वाले आँकड़े सामने आ रहे हैं। अब तक 4104 लोग संक्रमित हो चुके हैं, 126 की मौत हो चुकी है तथा 315 ठीक हुए हैं।

* हमारे भारत में कोरोना वायरस के संकट को तबलीगी जमात ने दोगुना कर दिया वरना जिस प्रकार देश में उपाय किये जा रहे थे उस हिसाब से हम पूर्ण नियंत्रण की ओर बढ़ रहे थे और 14 अप्रैल तक इस महामारी से मुक्त हो सकते थे।

* आज के सभी समाचार-पत्र कल की दीपावली जैसी रोशनी के चित्रों से भरे पड़े हैं। जैसा उत्साह जनता कर्फ्यू में दिखाई दिया था वैसा ही कल रात को हर शहर में दिखाई दिया है।

* दोपहर में लखनऊ से सर्वेश अस्थाना का फोन आया; वह कभी-कभी फोन पर बात कर लिया करते हैं मुझसे। दैनिक जीवन में वह बहुत व्यस्त रहने वाले व्यक्ति हैं, लेकिन इन दिनों लॉकडाउन के चलते उनके पास समय ही समय है। इन दिनों कुछ पारिवारिक परेशानियों में उलझे हुए हैं तो उनसे अक्सर बात हो जाती है। लखनऊ के हालात पर भी चर्चा हुई और भारत के भविष्य पर भी। काफी देर वार्तालाप के बाद आज उन्होंने अपनी वॉल पर केरल के राज्यपाल का इण्टरव्यू देखने का आग्रह किया जिसे लंच के बाद मैंने आराम से देखा; बहुत ही क्रांतिकारी इण्टरव्यू था।

* लंच में टीवी पर यह खबर बहुत तेजी से आ रही है कि मुस्लिम समाज के लोगों ने रिपब्लिक नेटवर्क, आज तक, एबीपी न्यूज़ और जी न्यूज़ को धमकी का फोन किया है। यह बात भी बहुत शर्मिंदगी की है।

* एक न्यूज़ पोर्टल से समाचार मिला है कि उत्तराखंड की सरकार ने जमातियों को अल्टीमेटम दे दिया है कि आज शाम तक जो भी छिपे हुए हैं वह बाहर आ जायँ वरना कल से जो भी जमाती पकड़ा जायेगा उस पर अटेम्प्ट टू मर्डर का केस लगाकर बंद कर दिया जायेगा।

* आज भी सड़कों पर चहल-पहल आम दिनों की तरह है, जैसी अब तक लॉकडाउन में अन्य दिनों में रहती थी। दोपहर 12:00 से 5:00 बजे तक सड़कें बिलकुल सूनी नजर आती हैं। इसके बाद मार्केट बंद होने के बाद भी गाड़ियों का आना-जाना बदस्तूर जारी रहता है।

* जो उत्तर प्रदेश सरकार कल कह रही थी कि 14 अप्रैल के बाद लॉकडाउन हटा लिया जायेगा, वह आज कह रही है अभी लॉकडाउन खुलने पर बोलना प्रीमेच्योर होगा, अभी मामला संवेदनशील है, समय लगेगा, मॉनिटरिंग की जा

रही है। इस सम्बन्ध में मुझे भी नहीं लगता कि इतनी जल्दी सब कुछ ठीक हो जायेगा क्योंकि हालात थमते नजर नहीं आ रहे हैं।

* अभी-अभी समाचार मिला है कि बरेली में तबलीगी जमातियों की तलाश में गयी पुलिस टीम पर उनके ही वर्ग के लोगों ने हमला बोल दिया है तथा पुलिस चौकी जलाने का प्रयास भी किया गया कई पुलिसकर्मी घायल भी हुए हैं जो हमलावर पकड़ लिये गये हैं उन पर NSA लगा दिया गया है।

* अब अगर हम भी विश्व के अन्य देशों पर नजर डालें तो अमेरिका के हालत खराब होते जा रहे हैं। आज मैंने अपने अमेरिका में रहने वाले तमाम मित्रों के हाल-चाल जानने के लिए मैसेज किये। श्री कुलभूषण शर्मा, हेमंत शर्मा आलोक मिश्रा, प्रदीप टंडन, आलोक भार्गव, राज मित्तल, अशोक कुमार, एम.एम.महेश्वरी इत्यादि इन सभी के स्वास्थ्य की कामना की। आलोक जी की कुशलता की सूचना भी आ गयी। राज मित्तल जी से तो वीडियो कॉल पर बात भी हो गयी है वह सुमन भाभी के साथ सकुशल हैं। प्रदीप टण्डन जी से काफी देर वीडियो कॉल पर बात हुई। मैं शाम की चाय पी रहा था और वह सुबह की चाय बना रहे थे। अमेरिका में इतना संक्रमण कैसे फैला मैंने इस बारे में पूछा तो बताया- ''वहाँ की सरकार ने लॉकडाउन नहीं किया था। पत्नी अभी भी हॉस्पिटल जा रही हैं, बेटा-बहू किसी दूसरी जगह हैं। बेटा रोज 17 से 18 घण्टे की ड्यूटी दे रहा है, बहू कैंसर हॉस्पिटल में है लेकिन उसको भी कोरोना केयर में लगा रखा है। अभी हम लोग बिलकुल सही हैं। खाली समय में घर की बिखरी हुई चीजें ठीक करते रहते हैं।'' टण्डन जी मुझे अब तक साहित्य का डॉक्टर समझते थे... वीडियो कॉल में मेरी क्लीनिक देखकर आश्चर्य करने लगे। काफी देर बात करने के बाद मैंने उनसे विदा ली।

7 अप्रैल 2020

* सुप्रभात

* आज पूरे संसार में कुल संक्रमित रोगियों की संख्या बढ़कर 1312387 हो गयी है... 72607 की मौत हो चुकी है तथा 275060 लोग इलाज से ठीक हो चुके हैं। भारत में जहाँ 31 मार्च को संक्रमित रोगियों की संख्या 1581 थी,

अब 4607 हो गयी है। मौतें जहाँ 31 मार्च को 46 थीं वह आज की तारीख में 141 हो चुकी है। ठीक होने वाले मरीज जहाँ 31 मार्च को 126 थे आज उनकी संख्या 344 हो गयी है। मतलब यह है कि इस 1 सप्ताह में हर मामले में 3 गुना वृद्धि हुई है और यह वृद्धि भारत के लिए शुभ संकेत नहीं है।

*   कल नगर में ही एक आत्मीय बच्चे की डेथ हो गयी। कल तो जा नहीं पाया आज उसके घर बैठने गया। पहली बार घर से बाहर निकला हूँ। लौटकर घर में प्रवेश करने से पहले चप्पलें अच्छी तरह धोकर बाहर ही सूखने के लिए रख दीं। पहने हुए सारे कपड़ों को वाशिंग मशीन में डाल दिया, फिर नहाकर पूजा-पाठ कर 11:00 क्लीनिक पर आया आ गया। घर में भी मैं अब समाचार कम देख पाता हूँ। दोनों माँ-बेटे फिल्म देखते रहते हैं।

*   आज के अखबार में सरकार ने स्पष्ट कर दिया है कि लॉकडाउन की अवधि बढ़ायी जा सकती है। डब्ल्यूएचओ ने इन बिगड़े हुए हालात में भी भारत की प्रशंसा की है। अमेरिका के राष्ट्रपति डोनाल्ड ट्रम्प की निगाहें भी अब भारत की ओर टिकी हुई हैं। वैज्ञानिकों ने वैक्सीन बना ली है; उसके चूहों पर किये गये टेस्ट भी सफल हो गये हैं, लेकिन अभी मनुष्यों के ऊपर टेस्ट होना बाकी है उसके बाद ही यह आधिकारिक रूप से सफल मानी जायेगी। इस संक्रमण में इस समय जो कारगर दवा है वह मलेरिया में काम आने वाली क्लोरोक्वीन है, यह बात सवाई मानसिंह हॉस्पिटल जयपुर के डॉक्टर्स ने 10 दिन पहले ही बता दिया था। अब अमेरिका ने भी मान लिया है कि क्लोरोक्वीन इस रोग में बहुत कारगर दवा है। कल डोनाल्ड ट्रम्प ने मोदी जी से इस दवा को भेजने का आग्रह किया है, क्योंकि इस दवा का भारत सबसे बड़ा निर्यातक है। इसलिए भारत में अन्य जगहों पर इसके निर्यात पर रोक लगा दी है, अब वह उन्हीं देशों को यह दवा देगा जहाँ यह महामारी फैली हुई है। भारत में मोटे तौर पर चार कम्पनियाँ ही इसका निर्माण करती हैं। इप्का, मंगलम, वाइटल हेल्थ केयर और कैडिला। इसमें मुख्य तौर पर 45 हाइड्रोक्लोरिक नामक कच्चा माल लगता है।

*   शहर में आज सब कुछ सामान्य है। रोज की तरह 5:00 बजे सड़कों पर चहलकदमी बनी हुई है जिसमें मोहल्ला गौसगंज, में दूध लेने वालों की संख्या ज्यादा होती है।

*   आज शाम को कोलकाता निवासी श्री सुरेश चौधरी जो उमंग नामक हिंदी पत्रिका के सम्पादक भी हैं। उनसे बात हुई पहले तो वह मेरी तारीफ करते रहे, मेरी दिनचर्या पूछते रहे। मैंने सब बता दिया। फिर मैंने उनकी तबीयत के बारे में

जानना चाहा। अक्सर वह बीमार रहते हैं। मैंने पूछा भाई साहब दिन कैसे गुजर रहे हैं तो बोले-‘‘भाई जी इन दिनों पत्रिका का काम तो नहीं हो पा रहा है इसलिए संस्कृत भाषा पर काम कर रहा हूँ; संस्कृत हमारे देश से लुप्त होती जा रही है जब कि यह भाषा अन्य भाषाओं की जननी है, जाने कितने जादू भरे पड़े हैं इसमें। अगर इसको चमत्कारी भाषा कहूँ तो अतिशयोक्ति नहीं होगी। पूरे दिन इसका अध्ययन करता रहता हूँ तथा अनेक किताबें पढ़ डाली हैं इन दिनों। इसके चमत्कारों को लिखकर कई भागों में नेट पर भी डाल चुका हूँ। मैंने कहा-आप बहुत अच्छा काम कर रहे हैं। फिर एक-दूसरे की कुशलता की कामना करते हुए फोन काट दिया।

* एक मजेदार बात देखिए -

सब का बचपन अचानक से वापस आ गया है।

इस कोरोना के आने से-

कोई लूडो खेल रहा है,

कोई अंत्याक्षरी,

कोई कॉमिक्स पढ़ रहा है और

कोई-कोई तो सड़क पर मुर्गा भी बन रहा है।

8 अप्रैल 2020

* सुप्रभात

* आज सुबह 6:00 बजे ही नींद खुल गयी। रात को रामायण देखते समय नीचे पट्टी चल रही थी कि सुबह 6:10 पर विविध भारती पर रामचरितमानस सुनिए। हम धार्मिक विचारधारा के व्यक्ति जो ठहरे इसलिए आज जल्दी जग गये। 20 मिनट रामचरितमानस, फिर भजन। दैनिक प्रातः कालीन क्रियाओं के बाद व्यायाम।

* आज पूरे विश्व में कोरोना संक्रमित के कुल केस 1409655 हो चुके हैं। 81010 मौतें हो चुकी हैं तथा 300727 संक्रमित लोग स्वस्थ भी हो चुके हैं।

भारत में अभी तक 5209 लोग संक्रमित हो चुके हैं, 161 मौतें हो चुकी हैं तथा 359 लोग स्वस्थ हो चुके हैं।

*	समाचार-पत्रों और टीवी से मालूम पड़ा है या यूँ समझ लीजिए कि अब तय हो चुका है कि लॉकडाउन बढ़ना ही बढ़ना है क्योंकि किसी भी राज्य में संक्रमण के कम होने की वजाय वह बढ़ता ही जा रहा है। हमारे हाथरस जिले में जो 3 दिन पहले सासनी की सीमा सील कर दी गयी थी वह अब सासनी को पूरी तरह सैनिटाइज करके खोल दी गयी हैं। अभी हमारे भारत में शिक्षा का अभाव होने के कारण बार-बार समझाने पर भी लोग समझ नहीं पा रहे हैं। बाजार खुलते ही भीड़ ऐसे उमड़ती है बाजारों में जैसे यह दुकानें कल नहीं खुलेंगी। उस समय सोशल डिस्टेंसिंग की पूरी परिकल्पना ध्वस्त हो जाती है। सब एक-दूसरे को खूब स्पर्श करते हैं।

*	लीजिए आज दोपहर 2:00 बजे उत्तर प्रदेश शासन की तरफ से आधिकारिक सूचना भी आ गयी कि प्रदेश के 21 जिलों में लॉकडाउन 10 मई तक रहेगा। यह जिले हैं लखनऊ, आगरा, कानपुर, बरेली, सीतापुर, मुरादाबाद, रामपुर, सम्भल, अलीगढ़, हाथरस, बुलंदशहर, नोएडा, हापुड़, गाजियाबाद, मेरठ, सहारनपुर, मुजफ्फरनगर, बागपत, शामली, बिजनौर और प्रयागराज।

*	जो जिले आज रात 12:00 बजे से पूरी तरह सील किए जायेंगे वह हैं लखनऊ, शामली, मेरठ, वाराणसी, सीतापुर, आगरा, गाजियाबाद, बुलंदशहर, कानपुर, गौतम बुद्ध नगर, सहारनपुर, बरेली, फिरोजाबाद, बस्ती, महाराजगंज। यह 30 अप्रैल तक रहेंगे।

*	आज का दिन बहुत अद्भुत रहा। मैं शाम को 5:00 बजे जैसे ही क्लीनिक पर आया, फोन की घण्टी बजी। मोबाइल उठाकर देखा तो श्री मुलायम सिंह यादव के लघु भ्राता श्री शिवपाल यादव जी का फोन था। मैं जिन से बात करने की पिछले तीन दिनों से सोच रहा था आज उनका खुद ही फोन आ गया। मैंने फोन उठाया आपसी अभिवादन हुआ। पहले उन्होंने मेरा हाल-चाल जाना फिर मैंने उनका हालचाल जानने की शुरूआत की।

मैंने पूछा-भाई साहब जब आप पूरे दिन 100- 200 लोगों से घिरे रहते थे अब इन दिनों उन सबका सुख नहीं मिल रहा होगा, ऐसे में कैसे पूरा दिन काटते हैं?

बोले- ''डॉक्टर साहब देश के लिए यह बहुत मुश्किल घड़ी है; हमारा

अकेलापन देश की मुश्किलों के सामने कुछ भी नहीं है (उनसे इतने परिपक्व जवाब कि मुझे उम्मीद नहीं थी)।''

वह आगे बोले- 8 मार्च से परिवार के साथ हम लखनऊ में ही हैं; पिछले 40 सालों में ऐसी मुश्किल घड़ी कभी नहीं देखी। दिन काटने की मत पूछिए, हम पहले भी सुबह 5:00 बजे जाग जाते थे अभी भी 5:00 जाग जाते हैं। सुबह चाय बनाकर पीते हैं, फिर टहलते हैं। पहले हम 40 मिनट तक टहलते थे अब वह धीरे-धीरे बढ़कर 2 घण्टे तक हो गया है। 10:00 बजे नहा-धोकर हमारे घर में ही हमारा ऑफिस बना है वहाँ आकर बैठ जाते हैं। अपने मिलने वालों से, फील्ड के लोगों से, कार्यकर्ताओं से बात करते हैं; यह बातचीत फोन पर लगभग 40 से 50 लोगों से होती है। फिर खाली समय में श्री राम मनोहर लोहिया जी, श्री चौधरी चरण सिंह जी और श्री महात्मा गाँधी की किताबें पढ़ता हूँ... शाम को 1 घण्टे फिर टहलता हूँ।

मैंने पूछा- क्या किचन में भी कुछ हेल्प करते हैं भाभी जी की?

तो बोले- ''अरे विष्णु जी सुबह की चाय हम खुद ही बनाते हैं यह हेल्प क्या कम है।

(यह कहकर बहुत देर तक हँसते रहे।)

फिर बोले इस मुश्किल घड़ी में अपनों से सम्पर्क के लिए इस मोबाइल फोन का ही सहारा है; आप भी अपना ध्यान रखिए; कई दिन से मैं सोच रहा था कि कविराज से बातें की जायँ, तो आज आपसे बातें करके मन बहुत हल्का हो गया है।'' मैंने भी उनकी कुशलता की कामना करते हुए उनसे विदा ली।

श्री मुलायम सिंह जी का परिवार सदा से ही कवियों का आदर करता रहा है यह बात पूरा कवि समाज जानता है।

* एक मज़ेदार हास्य समस्या और-

पत्नी- मास्क पहन लो

पति- लेकिन मैं तो घर पर ही हूँ।

पत्नी- तंग आ गयी हूँ तुम्हारी शक्ल देखकर।

9 अप्रैल 2020

* सुप्रभात।

* पूर्व घोषित लॉकडाउन का आज 16 वाँ दिन है। अभी 5 दिन शेष हैं। रात 12:00 बजे से सभी 15 जिले पूरी तरह से सील कर दिये गये हैं। जिस शहर में हॉटस्पॉट हैं वहाँ कर्फ्यू जैसी सख्ती है, अब कोई खाने पीने की चीजें भी लेने बाहर नहीं जा सकता। जो भी चाहिए ऑनलाइन ऑर्डर कीजिए पुलिस या अर्थॉरिटी आपके दरवाजे पर देने आयेगी।

* आज पूरे विश्व में कुल संक्रमित रोगियों की संख्या 1490154 हो गयी है, मरने वालों की संख्या 87317 तथा ठीक होकर अपने घर जाने वालों की संख्या 319017 है। भारत में अब तक 5766 संक्रमित हो चुके हैं इस रोग से, 181 लोग मर चुके हैं तथा 500 लोग ठीक होकर अपने घर जा चुके हैं।

* आज तो दो पुलिस वालों ने 11:00 बजने से पहले ही मेरे मोहल्ले के दो दुकानदारों को पीट दिया। बेचारों ने जल्दी-जल्दी दुकान बंद की। उन्हें पुलिस थाने ले जा रहे थे, लेकिन बाद में फिर हिदायत देकर छोड़कर चले गये। यह वह दो दुकानें थी जो आवश्यक सामान की नहीं थीं।

* कल प्रधानमंत्री की सर्वदलीय बैठक के बाद अधिकतर दलों के नेताओं का प्रधानमंत्री जी को यही सुझाव आया कि हालात ठीक न हों तब तक लॉकडाउन जारी रखें। अब अंतिम फैसला तो प्रधानमंत्री अपने राष्ट्र के नाम संदेश में ही दें सकेंगे।

* आज दोपहर 2:00 बजे सुदर्शन टीवी पर लाइव बाइट घर बैठ कर दी। यह जीवन का पहला अनुभव था, लेकिन शानदार रहा। ऑडियो बाइट तो कई बार हुई है, आज लगभग 25 मिनट का वार्तालाप रहा। यह सारी व्यवस्था रानू पण्डित के सौजन्य से थी।

* आज संक्रमित रोगियों की संख्या सुबह से ही तेजी से बढ़ रही है। रोगियों में उन लोगों की संख्या अधिक है जो डॉक्टर हैं, नर्स हैं और पुलिसकर्मी हैं। चिंता इस बात की हो रही है कि इस आपदा से निपटने के जो असली हीरो हैं जब वो लोग संक्रमित होंगे या मरेंगे तो आम आदमी इस महामारी से कैसे बच पायेगा।

*   उत्तर प्रदेश के पूर्व ऊर्जा मंत्री एवं हमारे पूर्व विधायक श्री रामवीर उपाध्याय से आज बात करनी चाही। फोन मिलाया। एक बार में ही फोन उठ गया। दोनों ओर से नमस्कार का आदान-प्रदान हुआ। मैंने बातचीत करने का अपना प्रयोजन बताया तो बहुत खुश हुए।

मैंने पूछा- सर हर समय सुरक्षाकर्मियों और कार्यकर्ताओं से घिरे रहने वाले रामवीर उपाध्याय का दिन ऐसे लॉकडाउन के एकाकी समय में कैसे कटता है।

बोले-''विष्णु जी पहले जिन चीजों के लिए समय कम दे पाता था अब उनके लिए भरपूर समय दे रहा हूँ, मसलन पहले 1 घण्टे टहलता था आज कल सुबह 2 घण्टे तक टहलना हो जाता है। पहले सिर्फ आधा घंटे पूजा करता था अब पूरे डेढ़ घण्टे पूजा करता हूँ। पहले शाम को टहल नहीं पाता था अब शाम को भी 1 घण्टे टहलता हूँ। हमारा जितना बड़ा सिकंदराराऊ में आवास है उससे भी बड़ा यहाँ हाथरस में लगभग डेढ़ एकड़ में टहलने की समुचित व्यवस्था है। इस समय भी मैं आपसे टहलते हुए बात कर रहा हूँ।''

मैंने पूछा- ''अपने लोगों से सम्पर्क नहीं हो पाता?''

तो बोले- ''अरे कैसे नहीं, क्षेत्र के लगभग 40 पचास लोगों से फोन पर बातचीत करता हूँ, उनको कोई अभाव तो नहीं है; अगर किसी चीज की जरूरत है तो यहीं बैठे-बैठे उनकी मदद करवा देता हूँ।

मैंने पूछा- ''शेष समय?''

इस बात पर वह बोले-''विष्णु जी, इन दिनों 2 घण्टे रामायण और 2 घण्टे महाभारत, इस तरह 4 घंटे इनको देख कर बड़े सुकून से निकल जाते हैं और रात में आपको यूट्यूब पर सुनकर निद्रा के आगोश में चला जाता हूँ।''

मैंने पूछा-'' कुछ अध्ययन भी हो पाता है?''

तो बोले-''भैया अध्ययन के नाम पर तो केवल अखबार ही पढ़ पाता हूँ।

मैंने कहा- ''एक अंतिम सवाल और क्या किचन में भी इन दिनों भाभी जी का हाथ बटा देते हैं?''

इस पर बोले-'' किचन में जब भाभी जी ही नहीं घुसतीं तो हम काहे को घुसें; जो रसोइए हमारे यहाँ लगे हैं उनकी छुट्टी नहीं की है सारा काम वही करते हैं।

मैंने कहा-''आपसे वार्तालाप करने पर बहुत आनंद आया।''

तपाक से बोले- ‘‘हमें तो आपसे मिलकर ही आनंद आ जाता है विष्णु जी, इस कठिन समय में अपना और अपने परिवार का ध्यान रखिए’’

*   एक टिप्पणी देखें

अब तो लड़कियां भी समझ रही हैं कि जो लड़के हाथ धोकर पीछे पड़ें वही ठीक हैं।

10 अप्रैल 2020

*   सुप्रभात

*   दिन प्रतिदिन घबराहटें बढ़ती जा रही हैं।

*   आज दोपहर 12:00 बजे तक पूरे विश्व में 1577436 के सामने आ चुके हैं, 93639 मौतें हो चुकी तथा 348094 लोग स्वस्थ हो चुके हैं। अगर अपने भारत की तरफ नजर डालें तो 6825 के सामने आ चुके हैं, 229 लोग काल के गाल में समा गये हैं तथा 641 लोग ठीक भी हुए हैं।

*   अब उतना कोरोना के संक्रमण से डर नहीं लग रहा जितना उसके द्वारा हुई मौत से लग रहा है। कभी-कभी व्यक्ति बीमारी से नहीं, भय से जल्दी मर जाता है। इसी विषय पर विद्वानों ने जिंदगी और मौत का बड़ा ही सटीक वर्णन किया है

यारों हर पल को जियो अंतिम पल ही मान अंतिम पल है कौन-सा कौन सका है जान।

उपरोक्त दोहा श्री गोपाल दास नीरज ने अपने आंतिम क्षणों के अनुभव के आधार पर लिखा था।

*   श्री नीरज जी जिनके बहुत बड़े प्रशंसक थे उनका नाम था ‘‘ओशो रजनीश’’ उन्होंने भी अपनी एक पुस्तक में मौत के विषय में जितना सुंदर चित्रण किया है ऐसा मैंने कहीं नहीं पढ़ा... एक उदाहरण देखिए-

70 के दशक में हैजा महामारी के रूप में पूरे विश्व में फैला तब अमेरिका में किसी ने ओशो रजनीश जी से प्रश्न किया-

-इस महामारी से कैसे बचें?

और ओशो ने विस्तार से समझाया जो आज कोरोना के सम्बंध में भी

बिलकुल प्रासंगिक है,

ओशो-यह प्रश्न ही आप गलत पूछ रहे हैं,

प्रश्न ऐसा होना चाहिए था, महामारी के कारण मेरे मन में मरने का जो डर बैठ गया है उसके सम्बन्ध में कुछ कहिए?

इस डर से कैसे बचा जाए..?

क्योंकि वायरस से बचना तो बहुत ही आसान हैं,

लेकिन जो डर आपके और दुनिया के अधिक लोगों के भीतर बैठ गया है, उससे बचना बहुत ही मुश्किल है।

अब, इस महामारी से कम

लोग इस डर के कारण ज्यादा मरेंगे...।

डर से ज्यादा 'खतरनाक' इस 'दुनिया' में कोई भी वायरस नहीं है।

इस डर को समझिए,

अन्यथा मौत से पहले ही आप एक जिंदा लाश बन जायेंगे।

यह जो भयावह माहौल आप अभी देख रहे हैं इसका वायरस आदि से कोई लेना-देना नहीं है।

यह एक सामूहिक पागलपन है जो एक अन्तराल के बाद हमेशा घटता रहता है... कारण बदलते रहते हैं; कभी सरकारों की प्रतिस्पर्धा, कभी कच्चे तेल की कीमतें, कभी दो देशों की लड़ाई तो कभी जैविक हथियारों की टेस्टिंग।

इस तरह का सामूहिक पागलपन समय-समय पर प्रगट होता रहता है। व्यक्तिगत पागलपन की तरह, कौमगत, राज्यगत, देशगत और वैश्वीक पागलपन भी होता है।

इस में बहुत से लोग या तो हमेशा के लिए विक्षिप्त हो जाते हैं या फिर मर जाते हैं।

ऐसा पहले भी हजारों बार हुआ है और आगे भी होता रहेगा और आप देखेंगे कि आने वाले बरसों में युद्ध, तोप से नहीं बल्कि जैविक हथियारों से लड़ें जायेंगे।

लेकिन मैं फिर कहता हूँ, हर समस्या मूर्ख के लिए डर होती है जबकि ज्ञानी के लिए विद्वानों के लिए अवसर।

इस महामारी में आप घर बैठिए, पुस्तकें पढ़िए,एक्सरसाइज कीजिए, शरीर को कष्ट दीजिए, व्यायाम कीजिए, फिल्में देखिये, योग कीजिए एक माह में 15 किलो वजन घटाइए, चेहरे पर बच्चों जैसी ताजगी लाइए।

अपने शौक पूरे कीजिए। मुझे अगर 15 दिन घर बैठने को कहा जाए तो में इन 15 दिनों में 30 पुस्तकें पढ़ूँगा,और नहीं तो एक बुक लिख डालिये, इस महामन्दी में पैसा इन्वेस्ट कीजिए... ये अवसर है जो बीस-तीस साल में एक बार आता है पैसा बनाने का... सोचिए

कहाँ बीमारी की बात करतें हैं,

ये भय और भीड़ का मनोविज्ञान सब के समझ नहीं आता है।

डर में रस लेना बंद कीजिए...

आमतौर पर हर आदमी डर में थोड़ा-बहुत रस लेता है, अगर डरने में मजा नहीं आता तो लोग भूतहा फिल्म देखने क्यों जाते।

ये एक सामूहिक पागलपन है जो अखबारों और उनके माध्यम से भीड़ को बेचा जा रहा है।

लेकिन सामूहिक पागलपन के क्षण में आपकी मालकियत छिन सकती हैं... आप महामारी से डर सकते हैं तो आप भी भीड़ का ही हिस्सा हैं।

ओशो कहते हैं... टीवी पर खबरें सुनना और अखबार पढ़ना बंद करें।

ऐसा कोई भी विडियो या न्यूज़ मत देखिए जिससे आपके भीतर डर पैदा हो..

महामारी के बारे में बात करना बंद कर दीजिए,

डर भी एक तरह का आत्म सम्मोहन ही है।

एक ही तरह के विचार को बार-बार घोटने से शरीर के भीतर रासायनिक बदलाव होने लगता है और यह रासायनिक बदलाव कभी-कभी इतना जहरीला हो सकता है कि आपकी जान भी ले ले।

महामारियों के अलावा भी बहुत कुछ दुनिया में हो रहा है उन पर ध्यान दीजिए।

ध्यान, साधना से साधक के चारों तरफ एक प्रोटेक्टिव औरा (सुरक्षा का आभा मण्डल) बन जाता है।

जो बाहर की नकारात्मक ऊर्जा को उसके भीतर प्रवेश नहीं करने देता है।

अभी पूरी दुनिया की ऊर्जा नकारात्मक हो चुकी है ...

ऐसे में आप कभी भी इस ब्लैकहोल में गिर सकते हैं .... ध्यान की नाव में बैठकर ही आप इस झंझावात से बच सकते हैं।

शास्त्रों का अध्ययन कीजिए,

साधु संगत कीजिए और साधना कीजिए... विद्वानों से सीखें।

आहार का भी विशेष ध्यान रखिए- स्वच्छ जल पीजिए,

अंतिम बात

धीरज रखिए...जल्द ही सब कुछ बदल जायेगा...

जब तक मौत आ ही न जाय तब तक उससे डरने की कोई ज़रूरत नहीं है और जो अपरिहार्य है उससे डरने का कोई अर्थ भी नहीं है;

डर एक प्रकार की मूढ़ता है

अगर किसी महामारी से अभी नहीं भी मरे तो भी एक न एक दिन मरना ही होगा और वो एक दिन कोई भी दिन हो सकता है,

इसी लिए विद्वानों की तरह जिएँ भीड़ की तरह नहीं।

-ओशो

* अब तक हमारे पड़ोसी जिले अलीगढ़ में कोई केस पॉजिटिव नहीं था कल शाम को वहाँ भी एक केस पॉजिटिव निकल आया, यह भी जमाती बताया जाता है। अभी तक वहाँ का शासन-प्रशासन चैन में था लेकिन इसके बाद वह हरकत में आ गया है, उसकी भी नींद खराब हो गयी है।

* सुबह 10:00 बजे लखनऊ से वत्सला पांडे जी का फोन आया। लखनऊ दूरदर्शन कुछ कवियों को रिकॉर्डेड कवि सम्मेलन आयोजित करना चाहता है कुछ बड़े कवि अपने घर से ही अपनी कविता का वीडियो बना दें तो दूरदर्शन अपने यहाँ से प्रसारित कर सकता है। लेकिन 2 शर्ते हैं एक तो इस काम के लिए दूरदर्शन कोई पैसा नहीं दे पायेगा, दूसरी यह कि किसी भी कविता या रचना को कोरोना नाम से न जोड़ा जाय। मैंने आश्चर्य से पूछा-ऐसा क्यों? तो उन्होंने बताया कि केंद्र की इच्छा है कि व्यक्ति पूरे दिन अन्य चैनल पर कोरोना कोरोना पूरे दिन देखकर अवसाद में आ गया है, हमें अवसाद से निकालना है। मैंने कहा

यह विचार बहुत ही अनुकरणीय है ऐसे संकट काल में अगर हम अपनी कला से लोगों को अवसाद से मुक्त करने का प्रयास करें तो यह भी एक राष्ट्र सेवा ही तो है हमें इसमें दूरदर्शन का पूरा सहयोग करना चाहिए और मैं व्यक्तिगत आपसे कह रहा हूँ की मैं इसका कोई पैसा नहीं लेना चाहूंगा मेरी यह बात सुनकर वह बहुत आश्वस्त हुईं और संतुष्ट भी।

* बहुत दिनों से मेरे अत्यंत आत्मीय ब्रज विभूति पद्मश्री मोहन स्वरूप भाटिया जी से मेरी बात नहीं हुई थी आज मन में आया उनकी तबीयत के बारे में पूछूँ और जानूँ कि कैसे समय व्यतीत हो पाता है ऐसी संकट की घड़ी में। फोन मिलाया उधर से हमेशा की तरह आवाज आई- ''जय श्री कृष्ण, विष्णु जी''

मैंने भी प्रतिउत्तर में जय श्री कृष्ण कह दिया पहले वह मेरा हाल जानते रहे फिर मैंने उन्हे अपना मंतव्य प्रकट किया पूछा- ''जब सामान्य दिन हुआ करते थे तो स्कूल में बच्चों के साथ स्टाफ के साथ तथा पूरे दिन आने जाने वालों का क्रम लगा रहता था, उनके साथ आसानी से समय व्यतीत हो जाता था इस समय जब सब कुछ थम सा गया है तो कैसे समय समय व्यतीत होता है आपका?, अब तो कार्ष्णि कलाप पत्रिका भी नहीं निकल पा रही होगी''

मेरे इतने प्रश्नों के जवाब में वह बोले-''विष्णु जी लोग कहते होंगे समय नहीं कटता है; मेरे साथ ऐसा नहीं है, मेरे पास इतना काम है कि मेरे लिए यह समय भी कम पड़ जाता है। पहले लोगों के आने-जाने के क्रम में मेरे अपने महत्त्वपूर्ण कार्य पीछे हो जाते थे और उन्हें पूर्ण नहीं कर पाता था, अब उन्हें पूर्ण करने का समय मिल गया है। पत्रिका का कार्य 3 माह पहले चलता है, कार्ष्णि कलाप के मई के अंक के लिए मार्च में सारी प्रक्रियाएँ पूर्ण हो गयी हैं। विष्णु जी, एक काम मेरा बहुत समय से अधूरा पड़ा था, अभिनंदन ग्रंथ भाग 1 और भाग 2 तो प्रकाशित हो गये थे जिसके विमोचन में आप आये भी थे अब भाग 3 और चार की सामग्री बिखरी पड़ी थी, इन दिनों से एक जगह इकट्ठा करने का उपक्रम कर रहा हूँ। यह काम लॉकडाउन में हो गया तो मेरे जीते जी यह छप भी जायेगा वरना फिर भरोसा नहीं है। अब तबीयत बहुत खराब रहती है 84 वर्ष का हो गया हूँ जीवन भर 17 से 18 घण्टे कुर्सी पर बैठकर काम किया है इसलिए रीड की हड्डी में समस्या आ गयी है इस अवस्था में ऑपरेशन कराना मैं उचित नहीं समझ पा रहा। सफल हुआ न हुआ इसलिए जैसा चल रहा है वैसा ठीक है।'' मैंने आगे पूछा- और किसी काम में पहले से अधिक समय दे पाते हैं या नहीं? तो बोले- ''नहीं, शेष क्रियाएँ पूर्व की भाँति हैं पूजा-पाठ में जितना समय पहले लगता था

आज भी उतना ही लगता है, हाँ अखबारों के रिपोर्टर, टीवी चैनल के रिपोर्टर आये दिन आते रहते हैं उन्हें साक्षात्कार देता रहता हूँ। यह समय बड़ा मुश्किलों का समय है, कभी कल्पना भी नहीं की थी ऐसा संकट जो एक शहर पर नहीं एक प्रदेश पर नहीं हमारे देश पर भी नहीं अपितु पूरे विश्व के अनेक देशों पर आया हुआ है। आपने ऐसे समय में मुझे फोन करके अपना स्नेह देकर के गदगद कर दिया। विष्णु जी आप भी अपना ध्यान रखें जय श्री कृष्णा।''

इस प्रकार पद्मश्री मोहन स्वरूप भाटिया जी से वार्तालाप कर मन प्रसन्न जो गया।

*   मनुष्यों के घरों में बन्द होने पर एक हास्य टिप्पणी देखें-

लंगूर ने बंदर से हैरानी से पूछा-आजकल दो पाँव वाले नजर नहीं आते। बंदर बोला- चमगादड़ों ने उल्टा लटका दिया है।

11 अप्रैल 2020

*   सुप्रभात

*   पिछले 3 दिनों से हम 6:00 बजे जाग जाते हैं इसलिए प्रातःकालीन सारे काम बहुत जल्दी हो जाते हैं।

*   आज विश्व स्तरीय आँकड़ों की तरफ नजर डालें तो पूरे विश्व में अभी तक कोरोना से संक्रमित कुल 16 लाख 76 हजार 820 केस सामने आ चुके हैं। अब तक 101557 लोग मौत के मुँह में जा चुके हैं तथा 372253 लोग ठीक भी हो चुके हैं।

अगर भारत की ओर देखें तो आज दोपहर 12:00 बजे तक 7619 संक्रमित लोग सामने आ चुके। 774 लोग ठीक भी हुए हैं, लेकिन 249 लोग मौत के मुँह में भी चले गये हैं।

*   यूँ तो लगभग तय-सा ही है, लेकिन प्रधानमंत्री आज सभी राज्यों के मुख्यमंत्रियों से वीडियो कॉन्फ्रेंसिंग के जरिए राय मशवरा कर रहे हैं। आज शाम या रात तक कुछ सकारात्मक निर्णय हो जायेंगे। लॉक डाउन बढ़ेगा या समाप्त हो जायेगा अभी कुछ पता नहीं। बढ़ने की उम्मीद अधिक है क्यों कि गैर भाजपाई

सरकारें जहाँ-जहाँ हैं-जैसे पंजाब, राजस्थान, उड़ीसा उन्होंने तो कल ही 1 मई तक लॉकडाउन की घोषणा कर दी है। जैसे-जैसे जाँचें अधिक बढ़ रही हैं वैसे-वैसे रोगियों की संख्या में वृद्धि होती जा रही है जो कि अत्यंत चिंताजनक है। एक बार ढील देने का मतलब है इस रोग को नये सिरे से दोबारा आमंत्रण देना।

∗   प्रधानमंत्री की वीडियो कॉन्फ्रेंस के बाद दिल्ली के मुख्यमंत्री अरविंद केजरीवाल और पश्चिम बंगाल की मुख्यमंत्री ममता बनर्जी ने तो 30 अप्रैल तक लॉकडाउन बढ़ने के संकेत दे दिये हैं... लेकिन भाजपाई प्रदेश सरकारों के मुख्यमंत्री केंद्र के इशारे के बाद घोषणा करेंगे।

∗   कई दिनों से मन था घर पर सुंदरकांड का पाठ किया जाए। तो आज अपराह्न 3:30 पर सुंदरकांड का सस्वर पाठ कराया गया। 5:00 बजे पाठ का विश्राम हुआ।

∗   आज शाम के उत्तर प्रदेश के राज्यमंत्री रसद विभाग श्री अतुल गर्ग से फोन पर वार्तालाप हुआ। अतुल जी आम बोलचाल में बड़े मजेदार व्यक्ति हैं। बड़े व्यवसाई हैं, रियल स्टेट के धन पति हैं। कवियों से बड़ा प्रेम करते हैं। शुद्ध राजनीतिक व्यक्ति होने के बावजूद खाली समय में कवियों का ऑनलाइन कवि सम्मेलन कराना चाहते हैं इसलिए उनका मुझे आमंत्रण देने के लिए फोन आया था।

∗   उनका आमंत्रण स्वीकार करने के बाद मैंने अपने प्रश्नों की झड़ी लगा दी मेरे प्रश्नों के उत्तर में बोले- ''देखिए हमारी जिंदगी दो भागों में बँटी हुई है। एक तो घर की जिम्मेदारी, दूसरी समाज की जिम्मेदारी। सुबह उठकर नहा-धोकर पूजा पाठ करने के बाद 10:00 बजे सभी लोग नाश्ते की टेबल पर आ जाते हैं। 10:30 तक नाश्ता करके मैं अपने ऑफिस में बैठकर क्षेत्र के लोगों से और अपने कार्यकर्ताओं से फोन पर बातचीत करता हूँ। जिन पर राशन पानी नहीं होता उनको राशन पहुँचाने की व्यवस्था करता हूँ। आज ही 5325 लोगों की लिस्ट डीएम को दी है जिनके घर राशन पहुँचाना है। दोपहर 1:30 बजे लंच करता हूँ फिर 4:00 बजे पूरे परिवार के साथ मीटिंग करता हूँ, मौज मस्ती की बातें होती है। 7:30 बजे डिनर करके 10:00 बजे तक सो जाता हूँ।''

मैंने पूछा-''किचन में कुछ भाभी जी की मदद करते हैं?

तो बोले-'' मैं मदद तो नहीं करता, लेकिन किचन में डिस्टर्ब जरूर करता हूँ, रोज नयी-नयी रेसिपी बनवाता हूँ। आज मैंने जौ के पापड़ बनवाये हैं। शायद आपने कभी सुने भी नहीं होंगे कि जौ के भी पापड़ बनते हैं। आपने जौ का पिज़्ज़ा नहीं

खाया होगा अब तक, कभी-कभी वह भी बनवाता हूँ। उसमें बैगन और लौकी डलवाता हूँ। कभी आओ तो आपको जौ का पिज़्ज़ा खिलाऊँगा। फिर थोड़ा मस्ती में बोले, यार तुम हमसे दोस्ती कर लो फिर देखना तुम्हें कितनी नयी-नयी चीजें खिलाते हैं।'' मैंने कहा मेरी तो दोस्ती है आपसे बोले-नहीं यार अच्छी वाली नहीं है।

यूँ कहके बहुत देर तक हँसते रहे।

✳   एक लॉकडाउन पर हास्य टिप्पणी देखिए-

सभी शोना से निवेदन है कि अपने बाबू को अपनी गली में आने के लिए विवश न करें वरना इतनी लट्टू पड़ेंगे कि आपका बाबू बाबूलाल हो जायेगा।

<h1 style="text-align:center">12 अप्रैल 2020</h1>

✳   सुप्रभात

✳   आज अगर संसार की तरफ नजर उठाकर देखा जाय तो स्थिति दिन-प्रतिदिन भयावह होती जा रही है। अब तक 1727171 केस सामने आ चुके हैं, 14925 लोग मर चुके हैं तथा स्वस्थ हुए लोगों की संख्या 390557 पहुँच गयी है।

भारत में गति थोड़ी थमी हुई दिखाई देती है। दोपहर 12ः00 बजे तक संक्रमित लोगों की संख्या 8453 पहुँच गयी है, 290 लोगों की मृत्यु हो चुकी है अब तक 972 लोग ठीक होकर अपने घर जा चुके हैं।

✳   आज तेलंगाना, महाराष्ट्र तथा बंगाल में भी लॉकडाउन बढ़ाकर 30 अप्रैल तक घोषित किया कर दिया गया है।

✳   बहुत दिनों से सोच रहा था कि मध्य प्रदेश के स्वनामधन्य, बहुमुखी प्रतिभा के धनी, कवि श्रेष्ठ श्री सत्यनारायण सत्तन जी से बात कर उनके हालचाल जानूँ। सत्तन जी मध्य प्रदेश भाजपा के वरिष्ठ नेता भी हैं, उनसे बात करने में बड़ा मजा आता है। उनकी भाषा शैली, बोलने का लहजा इस प्रकार का है कि रोते हुए व्यक्ति को भी हँसी आ जाये।

मैंने जैसे ही फोन पर ''हेलो'' किया उधर से आवाज आयी- ''जय हो विष्णु भैया की, कैसी कट रही है जिंदगी?''

मैंने कहा- ''दद्दू जिंदगी तो ठीक ही कट रही है। इस वक्त तो पूरा भारत ताले में बंद है, जैसे आप बंद हो वैसे ही मैं भी बंद हूँ। मुझे तो आपकी मुसीबत ज्यादा बड़ी लगती है क्योंकि आप तो भाजपा के नेता भी हो, कवियों के गुरु भी हो, पहलवानों के उस्ताद हो; सामान्य दिनों में ऐसा कोई भी पल मैंने नहीं देखा जिसमें आपके साथ दो चार लोग न रहते हो। इस वक्त आप का अकेले रहना बड़ा मुश्किल हो रहा होगा... कैसे कट पाता है यह पहाड़ सा दिन।

सत्तन जी मुस्कुराकर बोले- देख भैया 9:00 बजे से पहले उठता नहीं हूँ मैं। क्यों कि अभी न तो कोई फ्लाइट पकड़नी है और न कोई रेलगाड़ी। कहीं जाना नहीं है इसलिए आराम से उठता हूँ दैनिक निवृत्तियाँ करने के बाद फिर लँगोट पहनकर पूरे शरीर पर तेल मालिश करता हूँ, तुम तो जानते हो कसरत जीवन भर की है तो अब भी नागा नहीं करता हूँ। नहाता हूँ, मेरी पूजा पाठ जरा लम्बी होती है, वह 12:00 बजे तक निपट पाती है; फिर थोड़ा-सा नाश्ता करके अपने मित्रगणों से फोन पर बात करता हूँ। जो मिसकॉल आयी हुई होती हैं उन्हें कॉल बैक करता हूँ। लगभग 2:30 बजे खाना आ जाता है, उसे खाकर छोटी-सी नींद लेकर फिर उठ जाता हूँ; इसके बाद अपनी ही पुरानी वीडियो देखता हूँ उन्हें देखकर खुश होता रहता हूँ और हँसता रहता हूँ, ये सोच के कि हमने भी क्या-क्या कौतुक किये हैं। रात को देर से खाना खाता हूँ। इस बीच अपना अध्ययन करता हूँ, धार्मिक किताबों को पढ़ता हूँ। लगभग 1:30 बजे से पहले नींद नहीं आती... शुरू से आदत पड़ी है।

मैंने पूछा-''दद्दू कभी अपने हाथ से खाना भी बनाया है?''

बोले भैया रे खाना तो आज तक नहीं बनाया, जीवन भर खाया है तो बस तुम्हारी भाभी बनाती है और मैं खाता हूँ। एक बात जरूर है कि पिछले 35 सालों से मैंने हरी सब्जी नहीं खायी है, दाल रोटी चावल और इंदौरी सेव होते हैं मेरे खाने में।

मैंने आश्चर्य से पूछा- ''हरी सब्जी न खाने का क्या कारण है दादा?''

तो उन्होंने बताया-''इंदौर में जितनी भी हरी सब्जियाँ हैं वह गंदे नाले के पानी से उगायी जाती हैं, फिर उन पर तमाम तरह के केमिकल छिड़के जाते हैं इसलिए इन सब्जियों से घृणा हो गयी है; दाल-रोटी खाता हूँ और प्रभु के गुण गाता हूँ। श्री सत्तन जी से और भी विषयों पर चर्चा हुई और नमस्ते करके आशीर्वाद लेकर की विदा ली।

∗   आज शाम को एक खबर ने दिल दुखा दिया। पटियाला में एक गाड़ी में

बैठे हुए 5 व्यक्तियों को जब पुलिस वाले ने लॉकडाउन तोड़ने की अपराध में रोका तो उस गाड़ी में से निकले हुए एक निहंग ने उस सिपाही का तलवार से हाथ काट कर अलग कर डाला। मेरी समझ में यह नहीं आता है कि हम इतने आधुनिक काल में जी कर अभी तक किस सभ्यता को अपनाए हुए हैं। हम इतने असभ्य क्यों हो गये हैं; जो हमारे रक्षक हैं, जिनके हाथ हमारी सहायता के लिए हमेशा खड़े हैं हम उन्हीं के हाथों को काटकर अपना और समाज का क्या भला कर रहे हैं... ऐसे लोगों को धिक्कार है।

* उत्तर प्रदेश के मुख्यमंत्री श्री योगी जी ने भी 30 अप्रैल तक लॉकडाउन आगे बढ़ाने के संकेत दे दिये हैं। उनकी इस घोषणा से दैनिक मजदूर छोटे व्यवसायियों के चेहरे पर चिंता की लकीरें उभर आयी हैं, लेकिन यह सोचकर संतोष किये हुए हैं कि जान है तो जहान है।

* एक हास्य टिप्पणी देखें-

अगर तीसरे चरण से बचना है तो अपने दोनों चरणों को घर पर ही रखें।

13 अप्रैल 2020

* सुप्रभात।

* निरंतर बढ़ते हुए संक्रमण और मरने वालों की संख्या ने अन्य देशों की नींद हराम कर रखी है। सबसे खराब हालत तो अमेरिका की है। अमेरिकी प्रशासन ने तो अब अपने नागरिकों से कह दिया है जिसे जहाँ जगह मिले शवों का अंतिम संस्कार कर दें, क्योंकि मरने वालों की संख्या थोक में बढ़ती जा रही है। अब तक 21474 लोग मर चुके हैं; इतने लोग तो वर्ल्ड ट्रेड सेंटर गिरा था तब भी नहीं मरे थे।

* पूरे विश्व में अब तक 1831203 कुल केस सामने आ चुके हैं। 113013 लोग मौत के मुँह में जा चुके हैं तथा 420484 लोग स्वस्थ भी हो चुके हैं।

भारत में आज दोपहर 12:00 बजे तक 9240 के सामने आ चुके हैं। 332 लोग मृत्यु को प्राप्त हो गये हैं तथा 1096 लोग स्वस्थ भी हो चुके हैं।

सबसे बुरी हालत महाराष्ट्र की है जहाँ अभी तक 1982 संक्रमित मिल चुके हैं तथा 151 लोग मौत के मुँह में जा चुके हैं। अगर केवल उत्तर प्रदेश में देखें तो अब तक 483 लोग संक्रमित हो चुके हैं और सिर्फ 5 लोग मरे हैं, जबकि 45 लोग ठीक भी हुए हैं। उत्तर प्रदेश में सबसे अधिक केस आगरा शहर में हैं। जहाँ 104 के कोरोना के केस मिल चुके हैं। उत्तर प्रदेश भारत का सबसे बड़ा और घनी आबादी वाला प्रांत है। उस हिसाब से बहुत बड़ी कृपा है ईश्वर की। जो कोरोना अभी भयावह स्थिति में नहीं पहुँचा है।

*   दोपहर में आगरा और मैनपुरी के एडीएम रहे श्री चंद्र भूषण त्रिपाठी जी का फोन आया। आप हमारे बहुत अच्छे मित्र हैं तथा हमारी कविताओं के बहुत बड़े मुरीद भी।

मैंने पूछा-'कैसे याद किया सर?

बोले- ''इस संकट की घड़ी में आप सकुशल हैं यह जानने के लिए मैंने फोन किया। अभी-अभी आपका 'मन हो गया भगीरथ जैसा आँसू गंगाजल हो बैठे' यह गीत सुन रहा था तो आपकी याद आ गयी और फोन मिला लिया।

मैंने सोचा इस व्यस्त समय में किसी अधिकारी को इतना वक्त कहाँ मिल पाता है कि वह कविता सुनकर अपना मनोरंजन कर सके, फिर भी मैंने जिज्ञासावश पूछ ही लिया- ''आजकल आप किस जिले में स्थानापन्न है सर?''

बोले- ''इस समय तो लखनऊ में ही सचिवालय में पीडब्ल्यूडी विभाग में विशेष सचिव के तौर पर लगा हूँ।''

इसके आगे मुझे समझने की जरूरत नहीं थी। मैंने फिर कहा- 'इस वक्त तो बहुत व्यस्तता होगी। सारा सरकारी तंत्र कोरोना में लगा हुआ है!

बोले- ''नहीं विष्णु जी इतनी व्यस्तता तो नहीं है लेकिन हमें अन्य राज्यों में जो हमारे उत्तर प्रदेश के मजदूर फँसे हैं उन तक मदद कैसे पहुँचे इसलिए उन राज्यों के मुख्यमंत्री से सम्बंध साधकर उन असहाय लोगों के लिए भोजन, पानी, दवाई आदि की व्यवस्था कराने के लिए जिम्मेदारी मुझे सौंपी गयी है। अब दफ्तरों में रूटीन वर्क तो हो नहीं रहा इसलिए सबको इसी में लगा दिया गया है। फिर मुख्यमंत्री जी के स्टेमिना की उनकी ईमानदारी की, उनकी संकल्प शक्ति की, प्रशंसा करते रहे और हम दोनों ने एक-दूसरे की कुशलता की कामना करते हुए विदा ली।

*   इस समय राज्य की पूरी मशीनरी का एक एक स्तम्भ दिन-रात पूरी

ईमानदारी से कोरोना युद्ध को लड़ रहा है... तभी तो इतने बड़े प्रांत में कहर की तीव्रता जोर नहीं दिखा पायी है।

*   आज 10:00 बजे सरस्वती विद्या मंदिर में सरकार की तरफ से गरीबों के लिए भोजन सामग्री वितरण में रानू पण्डित और राष्ट्रीय स्वयं संघ के सहयोग से मुझे भी जाने का सौभाग्य मिला। आज 19 लोगों को भोजन-सामग्री वितरित की गयी। इतने दिनों में पहली बार घर से बाहर निकला, लेकिन पूरे नियम-कायदे के साथ। सोशल डिस्टेंडिंग बनाते हुए अच्छा वाला मास्क पहनकर।

*   परसों मेरे घर से 200 मीटर दूर एक वणिक परिवार में एक वृद्धा पारस हॉस्पिटल आगरा से अपना इलाज कराकर आ गयी। आगरा में कोरोना संक्रमण फैलाने में इन दिनों यह हॉस्पिटल बहुत विख्यात चल रहा है तो वहाँ से रोगियों की हिस्ट्री निकालकर जिला प्रशासन ने एंबुलेंस, प्रशासन की गाड़ियाँ, भारी पुलिस बल आज सिकंदराराऊ भेज दिया। पूरी गली छावनी बन गयी। जब तक वह महिला एंबुलेंस में नहीं बैठ गयी तब तक वहाँ से कोई नहीं गया। बताया जाता है उसे क्वारेण्टाइन के लिए सासनी भेज दिया गया है। अब उसका पूरा परीक्षण होगा जब तक रिपोर्ट नहीं आयेगी तब तक उसे क्वॉरेंटाइन में रखा जायेगा क्योंकि आगरा कोरोना के मामले में अति संवेदनशील हो गया है इसलिए पूरा सिकंदराराऊ ईश्वर से प्रार्थना कर रहा है है प्रभु! इसकी रिपोर्ट नेगेटिव आये। एक अजीब-सा भय सबके दिल में बैठ गया है।

*   आज दोपहर से टीवी पर समाचार चल रहा है कि भारत के प्रधानमंत्री श्री नरेंद्र मोदी जी कल 10:00 बजे फिर राष्ट्र को सम्बोधित करेंगे क्योंकि कल 21 दिन वाले लॉकडाउन की अवधि का अंतिम दिन है। बहुत सारी शंकाएं जन्म ले रही हैं कि कल क्या होगा। जैसा पिछले दिनों का घटनाक्रम रहा है उस हिसाब से तो लॉकडाउन आगे बढ़ने के संकेत मिल रहे हैं। मुख्यमंत्रियों की मीटिंग में किसी भी राज्य का मुख्यमंत्री अभी खत्म करने के पक्ष में नहीं है। आज मैंने अपने शहर के लोगों से भी जिनमें अधिकतर मुस्लिम वर्ग के और रोज खाने-कमाने वाले थे, उनसे भी सुना कि अभी यह लोकडाउन बढ़ना चाहिए। इस देश में जो भी हो रहा है हमारी जान बचाने के लिए ही हो रहा है। किसी चीज की कोई कमी नहीं है बाजार में; दैनिक जीवन की सभी चीजें मिल रही हैं सिर्फ धंधा ही तो नहीं चल रहा। हम सब लोग ठीक रहेंगे तो हमारा शहर भी ठीक रहेगा और धंधा फिर से चल निकलेगा।

*   जनता की इतनी आश्वस्ति जब अपने राजा के प्रति होती है तो राजा, प्रजा

के हित के लिए सारे उपाय करता है और राष्ट्र मजबूती की तरफ फिर से खड़ा हो जाता है।

14 अप्रैल 2020

* सुप्रभात।

* आज पूर्व घोषित लॉकडाउन का अंतिम दिन। बस उत्सुकता है प्रधानमंत्री के राष्ट्र के नाम संदेश को सुनने की।

* अगर वैश्विक दृष्टि से देखें तो अब तक पूरे जगत में 1898018 कुल संक्रमित लोग सामने आ चुके हैं, 117785 लोग मृत्यु को प्राप्त हो गये, तथा 438540 लोग पूरी तरह स्वस्थ हो गये हैं।

अमेरिका, जो सबसे अधिक विकसित देश है वहाँ अब तक 573816 के सामने आ चुके हैं, 22948 लोग मर चुके हैं तथा 33754 लोग स्वस्थ हो चुके हैं।

* सही समय से चेते हुए भारत में आज दोपहर 12:00 बजे तक कुल संक्रमित रोगियों की संख्या 10741 पहुँच चुकी है, 360 लोग मर चुके हैं तथा 1221 लोग ठीक होकर अपने घर जा चुके हैं।

उत्तर प्रदेश में 558 लोग संक्रमित मिल चुके हैं और 49 लोग ठीक भी हुए हैं तथा अभी भी मरने वालों की संख्या में कोई वृद्धि नहीं हुई है। आज भी संख्या 5 ही है। आगरा में अब तक 139 संक्रमित लोग मिल चुके हैं।

* आज रामायण को बीच में रोक दिया गया और पूर्व निर्धारित 10:00 बजे के समय भारत के यशस्वी प्रधानमंत्री श्री नरेंद्र मोदी जी अवतरित हुए। आज का संदेश बहुत सधा हुआ था। मोदी जी अब तक के परिणामों पर संतुष्ट तो दिखे लेकिन पूर्ण संतुष्ट नहीं थे इसलिए लॉकडाउन का दूसरा चरण आगे बढ़ाते हुए इसे 3 मई तक कर दिया। इस बार के लॉकडाउन में अधिक सख़्ती के संकेत हैं। जिसमें चेतावनी भी है और घरों के अंदर रहने की प्रार्थना भी। इस बार उन्होंने थाली, ताली तथा प्रकाश करने जैसे किसी उपक्रम के बारे में नहीं कहा। प्राइवेट कम्पनी के मालिकों से अनुरोध भी किया है कि वह अपने किसी कर्मचारी को नौकरी से न निकालें। उन्होंने एक बात और विशेष ये कही कि इस लॉक डाउन

से अर्थव्यवस्था बुरी तरह चरमरा जायेगी यह मैं भी जानता हूँ लेकिन मेरे देशवासी अगर जीवित रहे, यह मानवता जीवित रही तो अर्थव्यवस्था तो फिर भी ठीक हो जायेगी।

* आज नगर के बाजारों में प्रधानमंत्री के संदेश के बाद बहुत सख्ती देखी गयी। बाजार में हर नुक्कड़ पर पुलिस तैनात दिखी। बिना काम के घूमते हुए शोहदे आज सड़कों से नदारद दिखायी दे रहे हैं। डॉ कुँवर बेचैन का एक शेर इस अवसर पर बिलकुल सही दिखायी देता है

घर के बाहर खराब मौसम है

ऐ कुँवर अब है जिंदगी घर पर।

यह शेर बताता है कि घर के बाहर घूमना खतरे से खाली नहीं है, अगर जीवन का आनंद लेना है तो अपनों के बीच में बैठकर घर पर ही लो।

* हमारे काव्य मंचों की वरिष्ठ कवयित्री डॉक्टर सरिता शर्मा आज लाइन पर आ गयीं। उनकी जिज्ञासा थी कि मैंने अपने बेटे की शादी का क्या किया, क्योंकि लॉकडाउन तो 3 मई तक बढ़ गया है और शादी 4 मई की थी। मैंने उन्हें बताया कि शादी तो हम पहले चरण के लॉक डाउन की घोषणा के बाद ही स्थगित कर चुके थे क्योंकि ऐसे वातावरण में सम्भव नहीं था शादी का होना, अब शादी 25 नवंबर को कर दी गयी है। इस बात से उनको थोड़ी तसल्ली हुई। मैंने सोचा लगे हाथ सरिता जी से पाँच मिनट बात भी कर लूँ क्योंकि सरिता जी बहुत व्यस्त रहती हैं। आगे आये दिन हवाई यात्राओं के माध्यम से इधर से उधर कार्यक्रमों में जाती रहती हैं। उनकी वाणी बड़ी सधी हुई है। मेरे यह पूछने पर कि कोरोना काल को कैसे व्यतीत कर रही हैं इन दिनों तो बड़ी चहककर बोलीं-

भैया यह दिन बड़े आनंद के कट रहे हैं। हम लोग कवि होने से पहले इंसान हैं; कवि का आवरण जब हमारे ऊपर चढ़ जाता है तो दुनिया बड़ी चकाचौंध भरी लगने लगती है, इसके पीछे का अँधेरा हमें दिखाई नहीं देता तो मैं अब उस अँधेरे का आनंद ले रही हूँ, मेरा मतलब है जो कुछ हम पीछे छोड़ चुके हैं, जिन पलों को अब तक मैं जी नहीं पायी उनको जीने का प्रयास कर रही हूँ। (मुझे उनकी बातों में रस आने लगा और खामोशी से उस रस को लेता रहा।) वह फिर आगे बोलीं- अपनी दबी इच्छाएँ निकाल रही हूँ। कभी घर के काम इतने मन से किये नहीं जितने अब कर रही हूँ। गमलों में पानी देती हूँ जो फूल-पत्तियाँ अधिक बढ़ जाती हैं उनकी काट छाँट करती हूँ। आजकल तमाम कवि मित्र

लाइव आ रहे हैं उनको देखती रहती हूँ, यह अवसर आम दिनों में मिल नहीं पाता था। हम धन कमाने की भागदौड़ में अपने प्रियजनों से बात नहीं कर पाते हैं इन दिनों वह भागदौड़ बिलकुल नहीं है इसलिए अपने तमाम भूले बिछड़े रिश्तेदारों तथा प्रियजनों से बात भी करती हूँ। आजकल पुरानी फिल्में देख रही हूँ, आज ही मुस्कुराहट देखी है अमरीश पुरी की। अपनी किताबों की पिटारी से हर दूसरे तीसरे दिन एक किताब निकाल लेती हूँ और उसे पढ़कर खत्म कर देती हूँ। समाचार नहीं देखती, क्योंकि मैं इन्हें देखकर नकारात्मक नहीं होना चाहती; ये दिन अपने अंदर सकारात्मक ऊर्जा भरने के हैं।' मैंने पूछा- 'आजकल नयी-नयी रेसिपी बना रही हैं?' तो बोली- 'नहीं भैया वो तो मेरे बस की बात नही... हाँ जीवन में कभी अपने हाथ से समोसे नहीं बनाये सो एक दिन ये बनाये तो बहुत अच्छे बने, बहुत मजा आया। आजकल प्राणायाम भी करती हूँ। वजन बढ़ाने वाला कोई भोजन नहीं लेती। एक काम जरूर करती हूँ कि रोज रात को बालकनी में खड़े होकर तारों भरा आसमान देखना कभी नहीं भूलती। इस समय मेरे घर में जो काम करने वाले 2 परिवार हैं उनका पूरा जिम्मा मैंने उठा रखा है। कुल मिलाकर डॉक्टर साहब, कोरोना ने यह समझा दिया जीवन बहुत ही क्षणभंगुर है, बस यही सोचकर जीवन को पूरी मस्ती से जी रही हूँ इन दिनों सारे काम बड़े नियम से हो रहे हैं।''

आज डॉक्टर सरिता शर्मा ने बड़ी बेबाकी से और बहुत ही अनौपचारिक रह कर मुझसे बात की। आज की सरिता शर्मा और लॉक डाउन से पहले की सरिता शर्मा में जमीन-आसमान का अंतर दिखायी दिया।

*   कोरोना से अगर बचना है तो सोशल डिस्टेंस बनाए रखिए क्योंकि यह बीमारी स्पर्श से या छूने से फैलती है। डॉ0 कुंवर बेचैन का एक शेर है

करीब आये तो हमने यह भी जाना

मोहब्बत हौसला भी चाहती है।

लॉकडाउन का रोज़नामचा

लॉकडाउन

2

15 अप्रैल 2020

* सुप्रभात, आज से लॉकडाउन-2 का 19 दिन का दूसरा चरण आरम्भ।

* कल रात रामायण देखने के बाद थोड़े से समाचार देखे और फिर नींद आ गयी। लेकिन कुछ समाचारों ने देर रात फिर विचलित कर दिया। हम जब भी सँभलने की स्थिति में होते हैं तभी हमें कोई न कोई धक्का देकर गिराने की कोशिश कर देता है। कल लॉकडाउन के दूसरे चरण की घोषणा के बाद भी मुम्बई के बांद्रा टर्मिनल पर हजारों की भीड़ ने फिर से लॉकडाउन को तार-तार कर दिया। आखिर ऐसा कौन है जो हमारी एकता और सम्प्रभुता में पलीता लगाना चाह रहा है। बताया जाता है किसी ने अफवाह फैलायी थी कि बांद्रा टर्मिनल पर यूपी और बिहार जाने वालों के लिए विशेष रेलगाड़ियाँ चलायी जा रही हैं आप लोग वहाँ एकत्र हो जाइए। इस प्रकरण में महाराष्ट्र सरकार कटघरे में खड़ी हो गयी है। जब प्रधानमंत्री के सम्बोधन में यह तय हो गया था लॉकडाउन 3 मई तक है और कोई ट्रेन और हवाई जहाज तब तक नहीं चलेंगे... तो फिर यह भीड़ बांद्रा टर्मिनल पर कैसे आ गयी। किसी न किसी का षड्यंत्र अवश्य है। उन्हें वहाँ से हटाने के लिए भारी पुलिस बल प्रयोग में लाना पड़ा, यहाँ तक कि लाठीचार्ज भी हुआ। सुबह पता चला उस अफवाह का जनक गिरफ्तार कर लिया गया है।

* यही नजारा कल सूरत के स्टेशन पर भी देखा गया जो अति निंदनीय है। सरकार से व्यक्तिगत खुन्नस निकालने के बहुत से अवसर आयेंगे लेकिन लोगों की जान को लेकर सरकार को कटघरे में खड़े करने का उपाय इस समय मत करिये। इस समय तो सबको एक साथ मिलकर कोरोना से लड़ना पड़ेगा।

* हर तरफ मौत का ताण्डव जारी है। अभी दोपहर 12:00 बजे तक पूरे संसार में 2001304 संक्रमित केस हो चुके हैं, 130531 लोग मर चुके हैं तथा 481981 लोग स्वस्थ हो चुके हैं। हॉलीवुड की कल्पना से भी बहुत ज्यादा भयानक। अमेरिका में 1 दिन के भीतर 6132 नागरिकों की मृत्यु होना यह एक रिकार्ड है।

भारत में भी अब तक 11511 संक्रमित के सामने आ गये हैं, 394 लोग मृत्यु के मुँह में समा चुके हैं तथा 1366 लोग स्वस्थ हो चुके हैं। अगर उत्तर

प्रदेश की बात करें तो अब तक 660 केस हो चुके हैं, 8 लोग मर चुके हैं तथा 64 लोग ठीक भी हो गये हैं। केवल आगरा में ही 143 तक संख्या पहुँच गयी है।

*   इतने बड़े देश में रोज़ कुछ न कुछ होता ही रहता है। आज दोपहर को ही मुरादाबाद के नवाबपुरा इलाके में स्वास्थ्य परीक्षण करने आयी डॉक्टर्स की टीम पर पथराव कर उस पर हमला कर दिया। टीवी में औरतों को छत पर से पत्थर मारते हुए दिखाया जा रहा है। दो एंबुलेंस तथा दो पुलिस की गाड़ियों को क्षतिग्रस्त कर दिया गया है। 2 स्वास्थ्य कर्मी बुरी तरह घायल हो गये हैं। सरकार ने तय कर दिया है कि दोषियों पर रासुका लगाया जायेगा तथा उनसे सरकारी क्षति भी वसूल की जायेगी। पता नहीं लोगों की समझ में क्यों नहीं आ रहा है। प्रधानमंत्री की साफ चेतावनी है जहाँ इस तरह की घटना हुई वहाँ कोई ढील नहीं होगी कोई सुविधा नहीं दी जायेगी। चंद लोगों की हरकतें अन्य लोगों को भी परेशानी में डाल देंगी, फिर भी समझ में नहीं आ रहा।

*   लॉकडाउन बढ़ जाने पर गरीब लोग भुखमरी के कगार पर हैं हालाँकि सरकार अपने स्तर से पूरे प्रयास कर रही है कि हर गरीब तक भोजन पहुँचे। प्राइवेट स्वयंसेवी संस्थाएँ भी सरकार का भरपूर सहयोग कर रही हैं। इस परिदृश्य पर एक ग़ज़ल के कुछ अशआर देखिए जो श्री उदय प्रताप जी की कलम से निकले हैं-

यों मरते भूख से इंसान अब देखे नहीं जाते
तुम्हारे भक्त हे भगवान अब देखे नहीं जाते

मरे हैं कम, मगर बस्ती में ज़िंदा भी मरे से हैं
ये बस्ती और ये शमशान अब देखे नहीं जाते

इधर है भूख का भय, उधर डर है कॅरोना का
निर्धन दोनों के दरम्यान अब देखे नहीं जाते

भेड़ों सी एकत्रित भीड़ के फैले हाथ रोटी को
ये पत्थर पूजते धनवान अब देखे नहीं जाते

नमाज़ों, आरती और प्रार्थनाओं की शिकायत है

कि गीता, बाइबिल, कुरआन अब देखे नहीं जाते

ये नर की सेवा, नारायण की सेवा के बराबर है
पहले जैसे ये आख्यान अब देखे नहीं जाते

अंतरात्मा जूगनू को सूरज कह नहीं सकती
क़लमकारों के जो इम्तहान अब देखे नहीं जाते

जच्चा-बच्चा दोनों हों जब भूख से पीड़ित
थाली में धरे पकवान अब देखे नहीं जाते

-उदय प्रताप सिंह

* मुख्यमंत्री श्री कल्याण सिंह के मंत्रिमंडल में बेसिक शिक्षा मंत्री रहे श्री बालेश्वर त्यागी जो इस समय गाजियाबाद में रहते हैं। उनके और मेरे सम्बंध बहुत आत्मीय हैं। राजनीतिक व्यक्तित्व होने के नाते वह प्रखर वक्ता भी हैं और बड़े ही सहज और सरल व्यक्तित्व के धनी भी; बिलकुल जमीन से जुड़े हुए ईमानदार इंसान। उनकी फेसबुक प्रोफाइल पर आज मैंने एक बड़ा सुंदर प्रसंग पढ़ा। कोई व्यक्ति लॉकडाउन के एकाकी जीवन को भी कितने सलीके से और आनंद पूर्वक व्यतीत कर सकता है यह जानना है तो श्री बालेश्वर त्यागी जी से जानिए उनके ही द्वारा-

कहते हैं कि यक्ष ने युधिष्ठिर से 25 सवाल पूछे थे, उनमें से एक सवाल ये भी था-सुख किसे कहते हैं और ये किसे मिलता है? युधिष्ठिर ने इसके उत्तर में कहा था कि यथास्थिति को स्वीकार करना सुख है और जो यथा स्थिति को स्वीकार कर लेता है वही सुखी है। मुझे लगता है कि मैं बड़ी सुगमता से बड़ी शीघ्रता से यथास्थिति को स्वीकार कर पाता हूँ इसलिए सुख की अनुभूति करता हूँ। मैं छोटे से समय में सत्ता से सीधे सड़क पर आया हूँ, लेकिन यथास्थिति को स्वीकार करने के कारण कभी परेशान नहीं रहा और आनन्दपूर्वक रहता हूँ।

लॉकडाउन में भी मैं किसी पीड़ा में नहीं हूं। आनन्दपूर्वक अपने में व्यस्त रहता हूँ। मैं 21 मार्च से घर में हूँ। इस अवधि में दो बार मैंने घर के दरवाजे को लाँघा, वह भी घर के सामने ही केवल सड़क तक। एक बार मेडिकल स्टोर के व्यक्ति से दवाई लेने जो मेरे घर को ढूँढ रहा था और दूसरी बार एक सब्जी बेचने वाले से मनपसन्द सब्जी लेने।

मैं 20 मार्च से ही घर पर हूँ इसलिए मेरे सर पर बाल बहुत बढ़ गये। मैंने अपने पोते आकाश से कहा कि ट्रिमर से ही मेरे बाल काट दो। आकाश ने पूरी सजगता से मेरे बाल काट डाले। मजेदार बात ये हुई कि बीच में ही ट्रिमर की बैटरी समाप्त हो गयी। उसके कारण एक घण्टे तक आधे कटे बालों में ही बैठे रहना पड़ा। बच्चे हँसते रहे। कुछ ऐसे ही हँसने के अवसरों को एन्जॉय करना ही शायद अच्छा है। दूसरों के मनोरंजन के लिए अपने आप को हँसने का कारण बनाना जीवन का एक महत्त्वपूर्ण दर्शन है।

मैं स्वभावतः अनुशासन प्रिय व्यक्ति रहा हूँ। स्वयं भी अक्सर नियमों का पालन करता हूँ। इसके बहुत से संस्मरण भी हैं। एक आपके साथ साझा करता हूँ। एक दिन जब मैं विधायक था, लखनऊ से गाजियाबाद के लिए ट्रेन पकड़ने को लखनऊ स्टेशन पर पहुँचे। मेरे साथ एक कार्यकर्ता भी था। मैंने अपना टिकट विधान भवन के रेलवे काउण्टर से ही बनवा लिया था, लेकिन उस कार्यकर्ता के लिए टिकट लेना था। मैंने अपना कूपन बुक उसे देते हुए लाइन में लगकर टिकट लेने के लिए कहा लेकिन वह कुछ बेचैन-सा हो गया। कभी इस लाइन में कभी उस लाइन में। मैंने उसे झिड़का और उसके हाथ से। कूपन बुक लेकर लाइन में लग गया। जब मेरा नम्बर आया तो काउण्टर बाबू ने कहा कि अर्थॉरिटी लेटर दिखाओ मैंने कहा किसका अर्थॉरिटी लैटर? उसने कहा कि जिन माननीय विधायक जी का ये कूपन बुक है। मैंने हँसकर कहा कि क्या आपको मेरी शक्ल विधायक जैसी नहीं लगती। उसने कहा कि शक्ल की बात नहीं है आप अपना आई कार्ड दिखाओ। मैंने जेब से अपना आई कार्ड निकालकर उसे दे दिया। उसे देखकर वह बोला मैं माफी चाहता हूँ लेकिन मैंने अपनी नौकरी में कभी किसी माननीय विधायक को लाइन में लगकर टिकट लेते नहीं देखा इसलिए आपसे परिचय पत्र माँग लिया।

किसी को लगता होगा कि मेरा घर में नियमबद्ध निरन्तर रहना मेरे लिए मौत का डर है। मुझे अक्सर ऐसा लगता है कि मेरा कोई काम पेंडिंग नहीं है, अगर मुझे तत्काल जाना पड़े तो कोई अफसोस नहीं होगा। लेकिन जब तक का समय मिला है उसे कुछ न कुछ कर्म करते हुए एन्जॉय करना ही जीवन की सार्थकता है। रही बात इस कठिन समय मे लोगों के सहयोग की, सो जिन संस्थाओं से हम जुड़े हैं उनमें कार्यरत लोगों की चिंता करना; उन्हें समय से वेतन मिले... जो अपने घर पर काम करने वाली आती थी उसे भी उसका पारश्रमिक मिले, पीएम केयर्स में सहयोग करना जैसे कार्य भी काफी हैं। वैसे भी तो सारी

जिंदगी ऐसे सेवा ही करते रहे हैं।

मुझे लगता है कि इस लॉकडाउन से बहुत लोगों को बहुत सारी कठिनाइयाँ हैं। उनकी ही चर्चा करना या उनका ही रोना-धोना उनका समाधान नहीं है। जब विपत्ति आती है तो अनेक कठिनाई लाती ही है। अक्सर जब कठिनाई किसी पर आती है तो कुछ हाथ सहयोग के लिए भी बढ़ जाते हैं। लेकिन ये ऐसा विचित्र समय है कि सभी कठिनाई में हैं, जिनसे सहयोग की अपेक्षा है वे भी स्वयं कठिनाई में हैं इसलिए कठिनाइयों को उठाते हुए आगे बढ़ने की मनःस्थिति से कठिनाई की पीड़ा कम अनुभव होगी और कठिनाइयों का भी निराकरण हो जायेगा।

- बालेश्वर त्यागी

* अभी अभी एक दोस्त ने हिंदी भाषा में Quarantine का मतलब समझाया ......जैसे शुक्ला की शुक्लाइन, ठाकुर की ठकुराइन, पंडित की पंडिताइन.... होती है ऐसे ही कोरोना की कोरोनटाइन होती है।

16 अप्रैल 2020

* सुप्रभात।

* दूसरे लॉकडाउन में अपनी गतिविधियों को लेकर अब लोग अभ्यस्त नजर आने लगे हैं। अगर धंधे पानी और हॉटस्पॉट को छोड़ दें तो सब कुछ सामान्य सा नजर आने लग जायेगा 20 तारीख के बाद। अब कोई किसी से बहस भी करता हुआ नहीं दिखायी देता और न ही कोई राजनीतिक चर्चा होती हुई दिखायी देती है। अब सड़क पर 90 प्रतिशत लोग मास्क पहनकर निकलने लगे हैं, क्योंकि उन्हें भी लगने लगा है यह जो कुछ हो रहा है हमारे अच्छे स्वास्थ्य के लिए ही किया जा रहा है।

* विश्वस्तरीय आँकड़ों पर नजर डालें तो अब तक 2051038 के सामने आ चुके हैं, 132892 लोग मर चुके हैं तथा 507890 लोग ठीक हुए हैं।

दोपहर 12:00 बजे तक भारत में 12561 कोरोना संक्रमित पाये जा चुके हैं, 426 लोगों की मृत्यु हो चुकी है तथा 1513 लोग ठीक होकर अस्पताल

छोड़ चुके हैं।

केवल उत्तर प्रदेश में कुल संक्रमित मरीजों की संख्या 735 हो चुकी है, 11 लोगों की मृत्यु हो गयी तथा 57 लोग ठीक हो करके अपने घर जा चुके हैं। केवल आगरा में ही सर्वाधिक 150 कोरोना पॉजिटिव हो गये हैं।

∗   कल से सुना जा रहा था लेकिन आज कन्फर्म हो गया है कि तबलीगी जमात के प्रमुख मौलाना शाद पर कुछ संगीन धाराओं के साथ गैर इरादतन हत्या का केस लगा दिया गया है।

∗   आज दोपहर टीवी पर काँग्रेस अध्यक्ष राहुल गाँधी की पत्रकार वार्ता को सुना। पहली बात तो यह कि आज राहुल बहुत सुंदर लग रहे थे, दूसरी बात यह कि आज वह पूरी तरह दीक्षा लेकर आये थे। उनको पहली बार इतने परिपक्व तरीके से बोलता देखा गया। धीर-गम्भीर, कोई उत्तेजना नहीं, मोदी जी पर कोई निशाना नहीं। आपदा के समय में एक अच्छे विपक्षी को जैसे बोलना चाहिए बिलकुल वैसा ही बोले। पत्रकारों ने कई बार उनको उकसाने की कोशिश भी की, लेकिन वह अपने मकसद में कामयाब नहीं हो सके। कुल मिलाकर आज मेरे दिमाग में राहुल गाँधी के नम्बर बढ़ गये।

∗   दूसरा लॉकडाउन आरम्भ होते ही अब ऐसा प्रतीत होता है कि लोगों के चेहरे पर उदासी का भाव अधिक है... इसके लिए मुरारी बापू जी ने बहुत अच्छी बात कही है।

दूसरे लॉकडाउन को भी तपस्या की तरह लें: मोरारी बापू

21 दिन का एक अनुष्ठान पूरा हुआ और 19 दिन का यही अनुष्ठान और चले, ऐसी बातें प्रधानमंत्री साहब ने कही हैं। मैं आदरणीय प्रधानमंत्री साहब की इस अनुष्ठानी बातों का स्वागत करता हूँ। एक साधु के नाते मेरे सभी देशवासी भाई-बहनों से विनय कर रहा हूँ कि फिर अनुष्ठान का जो नया कदम कल से उठाना है उसे गम्भीरता से और विश्व के मंगल के लिए स्वीकार करें। मैंने जितनी बातें आदरणीय प्रधानमंत्री साहब की सुनी, शायद उन बातों पर वार्तालाप शुरू हो गया हो, सब अपने-अपने अभिप्राय देंगे। मैं प्रतिदिन के संवाद के नाते यह तो नहीं कह पाऊँगा कि सबसे पहले अभिप्राय दे रहा हूँ लेकिन ये जो आपकी बातें पूरी हुई और तुरंत मैं सत्संग का आरम्भ कर रहा हूँ तब दिल की गहराई से इन बातों का मैं स्वागत करता हूँ। सभी राष्ट्रवासियों से विनय है कि जिस तरह 21

दिन के अनुष्ठान तपस्या पर्व से हम गुजरे, ऐसी ही इतनी ही गम्भीरता से फिर 19 दिन के अनुष्ठान से जुड़ जायें। फिर एक बार दोहराऊँ, हमारे राष्ट्र के शुभ के लिए और राष्ट्र के द्वारा पूरे विश्व के शुभ के लिए क्षेम कुशल के लिए आदरणीय प्रधानमंत्री साहब ने जो बातें रखी हैं उसका हम सब गम्भीरता से पालन करें।

- श्री राज कौशिक की फेसबुक वॉल से साभार

17 अप्रैल 2020

* सुप्रभात

* इस समय रामायण धारावाहिक अपने चरम पर है। मेघनाद के वीरता पूर्ण युद्ध के बाद अब राम-रावण युद्ध दिखाया जा रहा है, सम्भव है आज रात को रावण मर जायेगा। पूरे धारावाहिक में जो भी पात्र फ्रेम में आता है वह पूर्ण रूप से प्रभावित करके चला जाता है। ऊपर से रविंद्र जैन के गीत-संगीत का मणि कांचन योग।

* उत्तर प्रदेश की योगी सरकार के कोरोना को बढ़ावा देने वालों पर अत्यंत सख्त तेवर दिखायी देने लगे हैं। मुरादाबाद काण्ड में पकड़े गये अभियुक्त अब जीवन भर ऐसी हरकतें करने से पहले सौ बार सोचेंगे।

* पूरे विश्व के आँकड़ों पर नजर डालें तो कल रात तक कुल संक्रमित रोगियों की संख्या 2145512 हो गयी है, 143308 लोग मौत के मुँह में जा चुके हैं तथा 543280 लोग स्वस्थ हुए हैं।

भारत में आज दोपहर 12:00 बजे तक 13626 लोग संक्रमित हो चुके हैं, 450 लोग मर चुके हैं तथा 1793 लोग ठीक हो गये हैं। अकेले उत्तर प्रदेश में कुल संक्रमित मरीजों की संख्या 805 है। 13 लोग मृत्यु के मुँह में चले गये हैं तथा 68 लोग ठीक भी हो गये हैं। केवल आगरा में अब तक 150 संक्रमित रोगी मिल चुके हैं।

* आज के समाचार-पत्र में हमारा हाथरस जिला कोरोना मुक्त घोषित हो गया है नगर वासियों और जनपद वासियों के चेहरों पर सुकून दिखायी देता है। सभी

को उम्मीद है कि लगभग 20 अप्रैल के बाद इस जिले को कुछ छूट मिल जाय। लेकिन मुझे आशा कम है अगर छूट दे दी गयी तो सोशल डिस्टेंसिंग की तो धज्जियाँ उड़ जायेंगी। जो लोग अभी गम्भीर नहीं हैं वो उस हालात में तो बिलकुल स्वतंत्र हो जायेंगे। कोरोना संक्रमण पर इन दिनों मैंने भी एक मुक्तक लिखा है-

शत्रु हो या हो रोग लड़िए न उससे डरिए,

जो संक्रमण के हेतु उनसे भी बचते रहिए,

मिलाया हाथ न हो जाये कहीं कोरोना,

दूर से हाथ जोड़ करके नमस्ते करिए,

*   आज सराय हकीम अलीगढ़ में एक आर्य समाज मंदिर में सम्पन्न शादी में वर-वधु को सभी रिश्तेदारों ने ऑनलाइन आशीर्वाद दिया। आदित्य और राधा रानी की शादी जनवरी में पक्की हो गयी थी। 16 अप्रैल को शादी होनी थी 14 अप्रैल तक पहला लॉकडाउन खत्म होना था। दोनों परिवारों को उम्मीद थी कि 15 अप्रैल को राहत मिल जायेगी तो शादी धूमधाम से कर लेंगे, लेकिन दूसरे चरण की घोषणा होते ही प्रशासन फिर से सख्त हो गया और उसने शादी की अनुमति नहीं दी। भीड़भाड़ हो सकती थी। अगर अनुमति दे दी होती तो किसी भी सूरत में सोशल डिस्टेंसिंग नहीं रह पाती। नियत तारीख 16 अप्रैल को शादी वाले दिन दोनों पक्षों ने लड़का-लड़की की आर्य समाज पद्धति से आर्य समाज मंदिर में शादी कर दी। प्रशासन ने दोनों पक्षों को पाँच-पाँच आदमी की परमिशन दी थी। दोनों पक्षों ने कम्प्यूटर की व्यवस्था कर रखी थी सभी रिश्तेदारों ने ऑनलाइन वीडियो कॉन्फ्रेंस से वर-वधू को आशीर्वाद दिया।

*   आज डॉ. कुँवर बेचैन जी से बात करने का मन हो आया। डॉ0 कुँवर बेचैन हमारे काव्य मंचों के सबसे प्रतिभाशाली, सर्वाधिक विनम्र तथा सर्वाधिक लिखने वाले कवि हैं। फोन की घण्टी जैसे ही गयी उन्होंने तुरंत फोन उठाकर मेरे नाम से पुकारा। मैंने चरण स्पर्श बोला, उन्होंने आशीर्वाद देते हुए मेरी कुशलक्षेम जानी।

फिर मैंने अपनी बातों का सिलसिला शुरू किया। मैंने पूछा-‘‘दादा आप तो हम कवियों में मंच पर भी और मंच से इतर भी सर्वाधिक व्यस्त रहते हैं। इस लॉकडाउन के समय को कैसे व्यतीत कर रहे हैं; अब तो अवस्था भी बहुत हो गयी है आपकी, कैसा महसूस होता है आपको इन दिनों में।

वह बोले-’’ विष्णु मेरा जीवन बचपन से कितनी कठिनाइयों में व्यतीत हुआ

है यह तुम भलीभाँति जानते हो। जन्म के बाद जब से होश सँभाला है तब से घर के अंदर नहीं रहा, किसी न किसी कारण से बाहर ही रहा। 1959 से कविता लिख रहा हूँ तो व्यस्तता तो बनी ही रहती है। इस समय पूरी तरह से घर के अंदर हूँ, कभी-कभार बाहर दूध लेने के लिए जरूर चला जाता हूँ। इन दिनों घर में काम करने वाले सब बंद है तो सुबह उठकर पूरे घर में झाड़ू सफाई इत्यादि करता हूँ। पत्नी की तबीयत खराब रहती है, उनके घुटनों में बहुत दर्द रहता है तो उन्हें सुबह में नहीं उठाता। सुबह की चाय भी अपनी और उनकी दोनों की मैं ही बनाता हूँ।

नहाना-धोना, पूजा-पाठ करने में 10:00 बज जाते हैं। अब हम दोनों का ही बुढ़ापा है इसलिए सब काम धीरे-धीरे ही कर पाता हूँ। पत्नी नाश्ता बनाती हैं तो उनका सहयोग मैं कर देता हूँ जो भी नाश्ते बनाने के खाने के बर्तन होते हैं वह बहुत देर तक खड़ी नहीं हो पाती इसलिए उन्हें मैं साफ कर देता हूँ।

प्रगीत ऑस्ट्रेलिया में हैं। वंदना अपने घर पर है। वह हम लोगों को जिस दिन अपने पास ले जाना चाहती थी उसी दिन लॉकडाउन हो गया। लेकिन प्रगीत से रोज 1 घण्टे हम दोनों की बातचीत हो जाती है वहाँ भी लॉकडाउन है।''

मैंने पूछा-''फिर नाश्ते के बाद क्या करते हैं?

बोले- ''फिर हम दोनों अपने अपने कमरों में चले जाते हैं, वह अपना टीवी देखती रहती हैं। मैं 20-25 मिनट अपने टीवी पर समाचार देखता हूँ। फिर 2 घण्टे अपने स्वजनों से मित्रों से टेलीफोन पर बात करता हूँ। इस समय वर्तमान परिस्थितियों पर जो लिख सकता हूँ वह लिख रहा हूँ। अब तक कोरोना पर कुण्डलिया, 6-7 गजलें तथा कई गीत लिख चुका हूँ। अगर तुम्हें पढ़नी हो तो मेरे फेसबुक पेज पर पढ़ लेना मैंने पोस्ट की हैं। पिछले दिनों मंच की व्यस्तता तथा अन्य लोगों की समीक्षाएँ भूमिकाएँ लिखते-लिखते मेरा खुद का क्रिएशन समाप्त हो गया था, वह इस लॉकडाउन के समय में पुनः जाग्रत हो गया है। इस समय मैं सच बताऊँ तुम्हें मैं खुद के लिए जी रहा हूँ। मोदी जी ने दीप जलाने के लिए प्रेरित किया तो मैंने गीत दीपक पर भी लिखा और उसका ऑडियो बनाकर लोगों के पास भेजा। विष्णु, इस समय मैं अपने लेखन से जुड़ गया हूँ, अपने बारे में सोच रहा हूँ। यह लॉकडाउन के दिन तो समुद्र में एक टापू की तरह मिले हैं मुझे, जहाँ जाकर मैं एकांत में बैठकर एक अंतर यात्रा कर रहा हूँ। दो पुस्तकें टाइप करके तैयार कर ली है। अगर मैं यह कहूँ कि मैं अब पुरानी फॉर्म में आ गया हूँ तो गलत नहीं होगा। मुझे इस टापू पर कोई डिस्टर्ब नहीं कर रहा है, न कोई

आता है न मैं कहीं जाता हूँ।''

-''इसका मतलब है आप अब आपको बिलकुल फुरसत नहीं।

बोले-''फुर्सत भी होती है; शाम को हम दोनों मिलकर साथ चाय पीते हैं। रात को दोनों मिलकर खाना बनाते हैं, मैं सब्जी काट देता हूँ वह छौंक देती है। इसी तरह से हाथ बटाकर काम कर लेते हैं। रात को खाना बनाने के बाद हम दोनों साथ बैठकर खाना खाते हैं, फिर हम दोनों बैठकर धार्मिक चर्चा करते हैं उनको पुराणों का ज्ञान बहुत है, कबीर की बहुत बड़ी अनुयाई हैं। उनके इस ज्ञान से मैं अपना ज्ञानवर्धन करता रहता हूँ।

वर्षों से हम पति-पत्नी साथ-साथ नहीं बैठे थे, अब वो सुलभ हो गया है, यही मेरी लॉकडाउन की विशेष कमाई है।''

फिर डॉक्टर साहब मेरे परिवार के बारे में पूछते रहे। शायद उनकी शाम की चाय का वक्त हो रहा था इसलिए बात जल्दी समाप्त करके मुझे आशीष देते हुए किचेन की तरफ चले गये।

* आइये आज उनकी वह कुण्डलियां पढ़ाता हूँ जो उन्होंने लॉक डाउन के टापू पर बैठकर लिखी है -

तीन कुण्डलियाँ

कोरोना का वायरस ऐसा फैला यार
कुछ ही दिन में आ गया ख़तरे में संसार
ख़तरे में संसार, मिली ना कोई दवाई
सुनकर उसके वार आज दुनिया घबराई
कहें कुँअर कविराय छोड़िए रोना- धोना
कर लें अगर बचाव करेगा क्या कोरोना।

कोरोना से युद्ध के हैं ये ही हथियार
साबुन से कर धोइए करें दूर से प्यार
करें दूर से प्यार, नमस्ते कीजे भाई
छींक और खाँसी पर दे रूमाल दिखाई
कहें 'कुँअर' कविराय कभी धीरज मत खोना
अगर करें नित योग, करेगा क्या कोरोना।

कोरोना क्यों आएगा, जहाँ न होगी भीड़
बिना काम मत छोड़िये, अपने घर का नीड़
अपने घर का नीड़, मास्क से मुख ढक लीजे
जब पीना हो साफ़-गर्म पानी ही पीजे
कहें 'कुँअर' कविराय नींद पूरी ही सोना
इतना यदि कर लिया, करेगा क्या कोरोना।

- कुँअर बेचैन

18 अप्रैल 2020

* सुप्रभात

* रामायण धारावाहिक में आज राम ने दशानन को मार ही दिया। विभीषण का राजतिलक हो गया। सीता ससम्मान राम के पास भी आ गयीं। लेकिन आने से पहले तथाकथित अग्निपरीक्षा भी देखी। अब तक यही समझा जाता था कि जानकी ने अग्नि परीक्षा दी, लेकिन आज के धारावाहिक से स्पष्ट हो गया कि ये राम की सिर्फ लीला थी, अशोक वाटिका में तो प्रतीक सीता रहीं; असली सीता तो अग्निदेव के पास थीं इसलिए इस समय अग्निदेव से अपनी सीता वापस ली गयी। मेरी तरह जाने कितने अल्प बुद्धि लोगों के ये देखकर भ्रम दूर हुए होंगे।

* आज वैश्विक दृष्टि से देखें तो पूरे विश्व में अब तक कोरोना के मरीजों की संख्या 2219242 हो गयी है, 151968 लोग मौत के मुँह में समा चुके हैं तथा 566419 लोग सकुशल ठीक हो गये हैं।

भारत में दोपहर 12:00 बजे तक 14378 संक्रमित केस पाये जा चुके हैं, 480 लोगों की मृत्यु हो चुकी है तथा 1992 लोग स्वस्थ भी हो गये हैं।

उत्तर प्रदेश में धीरे-धीरे स्थिति नियंत्रण में आती जा रही है। अब तक 849 संक्रमित लोग पाये जा चुके हैं, 14 लोगों की मृत्यु हो चुकी है तथा 82 लोग स्वस्थ भी हो चुके हैं। अकेले आगरा में कोरोना पॉजिटिव की संख्या 172 तक पहुँच गयी है। लखनऊ में 104 केस कोरोना केस पॉजिटिव हैं। अभी तक पूरे यूपी में ये दो ही शहर ऊपर चल रहे हैं।

*   अपने सामने से आते-जाते हुए लोगों को देख रहा हूँ। जिनके पास राशन कार्ड हैं या जिनके पास नहीं है सभी को जरूरत की सामग्री सरकार उपलब्ध करा रही है। बैंक खातों में पहुँचे हुए रुपयों को निकालने के लिए सभी जरूरतमंद निर्धनों की हर बैंक के बाहर लम्बी-लम्बी लाइन लगी हैं।

*   उत्तर प्रदेश सरकार का एक और सराहनीय कार्य- कोटा में अध्ययनरत हजारों छात्र-छात्राओं को उनके घर तक पहुँचाने के लिए योगी जी ने परिवहन निगम की 300 बसें लगा दी है। बसों में बैठने के वाले स्टूडेंट के बीच सोशल डिस्टेंसिंग का पूरा ध्यान रखा जा रहा है, 72 सीट की बस में सिर्फ 30 छात्रों को ही बैठने की अनुमति है।

*   कोरोना का संक्रमण भी कुछ ऐसा हो गया है कि कुछ पता ही नहीं पड़ता। लक्षणों का स्पष्ट पता ही नही चल रहा है। खाँसी-जुकाम यूँ भी आमतौर पर होता रहता है। बुजुर्गों की प्रतिरोधी क्षमता आमतौर पर कम हो जाती है, अगर उनकी मौत हो जाय इस समय तो अंत तक संशय बना रहता है कि बुजुर्ग कोविड-19 से मरा या अपनी स्वाभाविक मौत से। इतना रहस्यमय वायरस है कि राजेश रेड्डी का शेर बिलकुल सही बैठता है-

समझ पाते नहीं हम भी इशारे

खुदा भी खुलकर कुछ कहता नहीं है।

*   इसी प्रकार लॉकडाउन के 40 दिन की विवेचना संत शिरोमणि श्री मुरारी बापू ने बड़े सुंदर ढंग से की है-

*   *40 दिवसीय लॉकडाउन हनुमान चालीसा के अनुष्ठान जैसा है: मोरारी बापू*

भगवान करे इस दौरान कोई संजीवनी मिल जाय

करोना वायरस को रोकने के लिए, उसका निर्वाण हो जाय, इसी लिए हम सब ने पहले 21 दिन का राष्ट्रीय अनुष्ठान सम्पन्न किया है। अब प्रधानमंत्री साहब ने 15 से तीन मई तक के लॉकडाउन के लिए राष्ट्र का साथ माँगा है। जब हम अनुष्ठान के दूसरे अध्याय में प्रवेश कर रहे हैं तब 21 दिन का और आने वाले 19 दिन कुल मिलाकर यह 40 दिन का अनुष्ठान होगा। मुझे अच्छा लगा। मानो यह हनुमान चालीसा का ही अनुष्ठान है। मैं अपने ढंग से अर्थ कर रहा हूँ। राष्ट्र की सुरक्षा, राष्ट्र का मंगल और विश्व की सुरक्षा, विश्व का मंगल हो इसलिए यह अनुष्ठान परमात्मा करे सफल रहे और 40 दिन के अनुष्ठान के फलस्वरूप हमें कोई ऐसी संजीवनी प्राप्त हो जाय जो मूच्छिंत काल को भी जाग्रत कर सके।

लक्ष्मण काल हैं जो मूर्च्छित हो गये थे। हनुमान जी संजीवनी लेकर आये तो बेहोश काल भी जाग्रत हो गया। कोई ऐसी संजीवनी हमें भी प्राप्त हो जाय।

मैंने पढ़ा है ब्राजील के राष्ट्रपति ने हिंदुस्तान का आभार व्यक्त करते हुए कहा कि हमें जिस औषधि की जरूरत थी वो भारत से प्राप्त हो गयी है। हनुमान जयंती के दिन मानो हनुमान जी हम ब्राज़ील वासियों के लिए स्वयं संजीवनी बूटी लेकर आये हैं। अब 19 दिन का दूसरा अध्याय शुरू हो रहा है। 40 दिन का राष्ट्रीय अनुष्ठान और हनुमान चालीसा की 40 पंक्तियों का जरा मेल बैठता है। अक्सर पूछा जाता है हनुमान जी के पंचमुख क्या हैं, मैं कथाओं में बताता भी रहता हूँ। शिव के पाँच मुख हैं शिव का अवतार होने के कारण हनुमान जी के भी पांच मुख हैं ऐसा शास्त्रों में भी आया है। मेरे जीवन में भी पंच हनुमान की महिमा है। तलगाज़रडा का हमारा पुराना राम जी का मंदिर है, इसमें मैंने पूजा आरती की है जब मैं छोटा था। कह नहीं सकता ये कब बना होगा, लेकिन अंदाज कर सकता हूँ। 75 साल का तो मैं ही साक्षी हूँ। मेरे पिताजी ने, दादा जी ने और दादा जी के पिताजी ने सेवा की है। अंदाज लगा सकता हूं शायद यह मंदिर 200 साल पुराना रहा होगा। वहाँ हनुमान जी के दो स्वरूप थे... एक में सिंदूर, तेल, उड़द की दाल आदि चढ़ाये जाते थे... डेढ़ फीट के रहे होंगे। उसके ऊपर ओटा बनाकर हाथ मे पहाड़ वाला स्वरूप था। हनुमान जी ने हाथ में पहाड़ उठा रखा था। राम मंदिर में हमारे दो साधु परिवारों की बारी लगती थी; एक जय जय राम दादा परिवार की और दूसरे जादव दास दादा की जो मेरे दादा त्रिभुवनदास के छोटे भाई थे। जादव दास दादा जब बीमार हो जाते तो पूजा-आरती के लिए मुझे कहते। मैं करता था। उनके समाधिस्थ होने के बाद उनकी पत्नी हमारी मणि माँ मुझे कहती थी तो मैं रोज पूजा करता था, सफाई करता था। तब से हनुमान जी मेरे आराध्य रहे। नये राम मंदिर का निर्माण हुआ। मैं वहाँ से हनुमानजी की दोनों मूर्तियों को उठाकर यहाँ ले आया। हनुमान की प्रतिष्ठित मूर्ति को उठाना बड़े साहस का काम है, लेकिन मुझ पर सबको भरोसा था कि बापू आप कर रहे हो तो ठीक ही कर रहे होगे। कोई भय नहीं था, कोई शंका नहीं थी। सिंदूर चढ़ाने वाले स्वरूप को हमने जमीन के अंदर रखा और उस पर ओटा बनाकर पुरानी मूर्ति रख दी। कई लोगों ने पूछा बापू जमीन में क्यों गाड़ दिया। मैंने कहा मैंने उन्हें पाताल भेज दिया है, वहाँ भी हनुमान की जरूरत है।

दूसरे हनुमान हैं पिठोरिया हनुमान, तलगाज़रडा की सीमा पर। वहाँ भी सिंदूर चढ़ाने वाला स्वरूप था। माँ गेहूँ पिसवाने भेजती तो मैं नंगे पाँव डिब्बा लेकर जाता

था। पूरे गाँव का गेहूं एक जगह आता था इसलिए समय लगता था। इस दौरान मैं दौड़कर पिठोरिया चला जाता और हनुमान चालीसा का पाठ करता। वह भी मेरी गुणातीत श्रद्धा का केंद्र है। राम मंदिर की मूर्ति लेने जयपुर गये थे तो हनुमान जी की एक मूर्ति देखी जिसमें वह खड़े हैं और हाथ में गदा थी। उन्होंने आकर्षित किया। हम उन्हें यहाँ ले आये और पिठोरिया मंदिर में सिंदूर वाली मूर्ति नीचे रखकर उसके ऊपर ओटा बनाकर खड़े हनुमान जी को स्थापित कर दिया।

चित्रकूट धाम जहाँ मैं रोज बैठता हूँ वहां बड़ा चित्र था। उसे यजमान बना कर महुवा में 1008 राम कथा का आयोजन हुआ, बाद में उन्हें चित्रकूट में स्थापित किया गया। लेकिन चित्र कब तक रहे। मन में विचार आया सम्मुख बैठे शांत हनुमान होने चाहिए। बहुत साल लगे इसे बनने में। कई जगह मूर्ति बनी, पैसे दिये मगर बात नहीं बनी। कई शिल्पी आये। यह मूर्ति जमीन से नहीं निकलनी थी, आसमान से नहीं आनी थी, यह मेरे अंतः करण से निकलनी थी। जब तक अंतः करण हाँ न कहे मैंने कहा बनाते जाओ। शिल्पकार बनाते गये लेकिन मैं हाँ नहीं कर पाया। एक बार कथा से लौटा तो एक मूर्ति बनी थी मिट्टी की, करीब डेढ़ फुट के हनुमान जी। उसे देखते ही आँखों में आँसू भर आये, मुँह से निकला बस यही है, बस यही है। फिर 11 फीट के पंच धातु के ये हनुमान बनाये। अहमदाबाद के इस्लाम धर्म के कारीगरों ने यहाँ आकर यह मूर्ति बनायी। इसमें मुझे कभी बुद्ध नजर आते हैं, कभी महावीर नजर आते हैं, कभी शंकराचार्य दिखायी देते हैं।

हनुमान जी का चौथा स्वरूप काशी में संकट मोचन हनुमान जी का है। जब भी काशी जाता हूँ वहाँ ज़रूर जाता हूँ। कहते हैं इस मूर्ति की स्थापना तुलसीदास जी ने की थी, इसलिए मेरा लगाव होना स्वाभाविक है। पाँचवा स्वरूप अयोध्या में हनुमानगढ़ी वाले हनुमान जी का है। जब भी अवध जाता हूँ वहाँ जाता हूँ। 40 दिन के राष्ट्रीय अनुष्ठान में जब मुझे हनुमान चालीसा का अनुष्ठान प्रतीत होता है तो मैंने सोचा आज आपके सामने यह बातें करूँ। आप कल कहेंगे इनके क्या नाम हैं तो मैं आज ही नामकरण कर देता हूं। तलगाज़रडा वाले हनुमान मेरा पहला व अखण्ड विश्वास हैं तो मैं कहूँगा इनका नाम है विश्वास हनुमान; पिठोरिया वाला दूर सीमा क्षेत्र में निर्जन में है। वह विराग हनुमान हैं। चित्रकूट में जो है यह मेरे अंतर विज्ञान की फलश्रुति है। ये मेरा विज्ञान हनुमान है। काशी विद्वानों की नगरी है। वह विद्वान हनुमान है। राजतिलक के बाद राम ने सब को विदा दी, मगर अयोध्या में हनुमान रहे। राम ने उनसे कहा वह हमेशा यहाँ विराजमान रहें, यहीं विश्राम करें। अयोध्या वाले हनुमान को मैं विश्राम हनुमान

कहूँगा।

*   (बापू के 15 अप्रैल 2020 के वीडियो संवाद के प्रमुख अंश)

-श्री राज कौशिक की फेसबुक वाल से साभार

20 अप्रैल 2020

*   सुप्रभात।

*   आज सुबह से बरसात जैसा मौसम हो गया है, बड़ी सुहानी ठण्डी हवा चल रही है।

*   क्योंकि 20 अप्रैल है इसलिए लोगों को लगने लगा कि आज सरकार कुछ छूट भी दे देगी, इसलिए सभी दुकानदार अपने-अपने घर से दुकानों की चाबियां लेकर निकल पड़े। लेकिन प्रशासन को पूर्वाभास हो गया है इसलिए वह आज पहले से भी अधिक चौकन्ना तथा कठोर दिखायी पड़ता है। तमाम वह सब दुकानदार खदेड़ दिये गये हैं जो अपने-अपने प्रतिष्ठानों में चाबी लगाने वाले थे। जिनके चेहरे पर मास्क नहीं है उसकी तो तबीयत से पूजा हुई है।

*   भारत में दोपहर 12:00 बजे तक 17545 कोरोना संक्रमित हो चुके हैं, 567 लोग अपनी जान से हाथ धो चुके हैं तथा 2887 मरीज ठीक हो गये है। उत्तर प्रदेश में अब तक 1100 संक्रमित पाये जा चुके हैं 17 लोगों की मृत्यु हो चुकी है तथा 127 लोग ठीक हो चुके हैं। अकेले आगरा में 242 केस मिल चुके हैं।

विश्व के हालात पर नजर डालें तो 387502 कोरोना पॉजिटिव हो चुके हैं 164194 लोग इसके कारण मारे जा चुके हैं तथा 613443 होनी ठीक हो गये है।

*   मुख्यमंत्री ने तमाम जिलों के जिलाधिकारियों को निर्देश दे दिये हैं कि वह अपने विवेक से काम करें तथा स्वयं निर्णय लें कि किस क्षेत्र में कितनी ढील देनी है। इतना अवश्य ध्यान रहे कि सोशल डिस्टेंसिंग का पालन हो और कोई नया केस बढ़ने की सूचना न मिले। अगर ऐसा न हो पाया तो उस कलेक्टर की जिम्मेदारी तय करके उसके प्रति कड़ी कार्यवाही की जायेगी अब ऐसी स्थिति में

कोई भी जिलाधिकारी रिस्क लेने को तैयार नहीं है इसलिए पहले से अधिक कठोरता दिखायी दे रही है।

*   आज मुम्बई की एक घटना ने हृदय द्रवित और मन में आक्रोश पैदा कर दिया। मुम्बई के उपनगर कांदिवली से दो साधु अपने गुरु के अंतिम संस्कार में जा रहे थे। लॉकडाउन के कारण पालघर की पुलिस ने उन्हें हाईवे से जाने से रोका तो वह गाँव के अंदर से जाने लगे। गाँव वालों ने होने अपहरणकर्ता समझकर लाठियों से इतना मारा कि उन दोनों ने वहीं दम तोड़ दिया और यह तब हुआ जब पुलिस उनके सामने खड़ी थी। लोगों ने उन्हें बचाया तो नहीं अपितु वीडियो बनाने में व्यस्त रहे। अब यह कौन लोग थे जो भगवा वस्त्रधारियों को चोर-डाकू समझ रहे हैं अगर दुश्मनी निकालने ही थी तो थोड़ा-बहुत प्रताड़ित करके पुलिस को सौंप देना चाहिए था। महाराष्ट्र सरकार ने उस गाँव के 110 व्यक्तियों को गिरफ्तार कर लिया। शासन-प्रशासन को इस वक्त एक साथ अनेक मुद्दों पर अपनी जिम्मेदारियाँ निभानी पड़ रही हैं।

कोरोना से सम्बंधित डॉक्टर सुरेश अवस्थी के कुछ दोहे देखिए-

सूक्ष्म एक जीवाणु ने साजिश रची प्रचण्ड
विश्वविजय से था भरा खण्डित हुआ घमण्ड।
हाथ बाँध अकबर खड़े विवश अशोक महान।
आयुधगारें सुप्त सब भू पर पड़े विमान।
चुप है मंदिर, आरती चुप चुप हुई अजान
समय कोरोना ने रचा ऐसा कठिन विधान
मत घमण्ड कर स्वयं पर समय दे रहा सीख
महाशक्ति भारत बना यूयस माँगे भीख
बिपति टले शुभ घोष हो दया करे भगवान
जिनको धन से मोह था वे भी देते दान
भक्ति और विश्वास में कैसा निकला भेद
देव सभी साबित हुए खाकी, कोट सफेद।
भीड़ जुटाने की कला जिन जिन को थी सिद्ध
घर वालों से भी हुआ मिलना आज निषिद्ध

-डॉ. सुरेश अवस्थी

✱   आज से मिलने वाली छूट को संत मुरारी बापू अपनी दृष्टि से कैसे देखते हैं आइए पढ़ें-

लॉकडाउन में मिली छूट को गम्भीरता से लेनाः मोरारी बापू

नियमों को निभाना जिससे शुभ परिणाम प्राप्त हों

बाकी लोगों को घर में ही रह कर तपस्या करनी है

तलगाज़रडा, गुजरात।

40 दिवसीय इस राष्ट्रीय और अंतरराष्ट्रीय अनुष्ठान में सरकार के आदेश पर कहीं-कहीं कुछ छूट दी गयी है। इस छूट के लिए मैं देशवासियों से कहूँ कि इसे बहुत गम्भीरता से लेना। स्व के लिए और सर्व के लिए उसके नियमों को अंतर और बाहरी दोनों रूप से निभाना ताकि हरेक क्षेत्र के हमें शुभ परिणाम प्राप्त हों। कहीं इस छूट के कारण यह विकराल वायरस फैले न, इसका सब ध्यान रखें। बाकी हम सबको तो घर में ही रहना है, तपस्या करनी है। एक साधु के नाते इतना कहकर मैं संवाद में प्रवेश करूँ।

दो-तीन दिन पहले एक जिज्ञासा थी, जब बीच में एक दिन मैं कबीर साहब पर बोला था। बीकानेर के एक श्रोता ने कहा, कभी मीराबाई के बारे में भी कुछ कहो। कल रात मानो मीरा के बारे में मेरे अंदर कीर्तन शुरू हुआ। मेरी त्रिभुवनीय मीरा क्या है, मेरी तलगाज़रडी मीरा क्या है? जब मैं ये कहता हूँ तो एक स्मृति आ रही है। मैंने पहले भी बताया कि दादा के छोटे भाई जादव दास दादा की धर्मपत्नी हमारी मणि माँ आरती की सेवा मुझे देती थीं। मेरी स्मृति का खजाना खुल रहा है। जिसके पास बहुत सम्पदा होती है उसे चिंता होती है कि खजाने की चाबी किसको दे। मुझे इस सद्भाग्य की तृप्ति है कि मुझे हर क्षेत्र में पात्र मिले हैं। बचपन में जब मैं स्कूल में होता था, कभी शाम पाँच बजे छुट्टी मिलती थी। समय पर नहीं आ सका तो मणि माँ जो वृद्धा थी, मेरी सावित्री माँ जब मंदिर दर्शन के लिए आती तो उनसे कहती, बेटा वह अभी आया नहीं है, तब तक तू मंदिर में जरा कुछ ठीक कर दे।

हमारे पुराने रामजी मंदिर में बीच वाले स्टेप के दोनों कोनों में नौ-दस इंच की गोपी रूप की दो मूर्ति थीं। सावित्री माँ ठीक करती, सफेद वस्त्र पहनाती। मैंने एक दिन मणि माँ से पूछा ये कौन हैं? उन्होंने कहा अपनी सावित्री माँ से पूछ। वही सेवा करती है, मैं तो बाहर रहती हूँ। एक दिन मैंने दादा से भी पूछा। उन्होंने भी कहा सावित्री से पूछ। मैंने पूछ ही लिया तो माँ ने कहा, बेटा मुझे क्या पता।

मैं तो इतना ही समझती हूँ दायें भाग में जो है वो मीरा की मूर्ति है और बायीं तरफ राधा की मूर्ति है। मैं ऐसा मानती हूँ, बाकी मुझे खबर नहीं है। मैंने इस मीरा की आरती उतारी है।

किसी ने पूछा था शायद वृंदावन की कथा में कि आपको मीरा निकट पड़ती है या राधा। देखो आँसू दोनों के पास हैं और आप कोई भी अर्थ करो, मुबारक, आंसू मोरारी बापू के पास भी हैं। मैंने कहा वृंदावन में यह कहना कि मीरा नजदीक पड़ती है, शायद ठीक न हो। आप बीच से तलगाज़रडा के इस मोरारी बापू को निकाल दीजिए तो मोरारी यानि कृष्ण... ब्रजनंदन। वो मीरा के भी हैं और राधा के भी। राधा से मीरा बहुत निकट पड़ती है। वैसे दोनों एक हैं। राधा तो परम शक्ति है परमात्मा की। राधा, कृष्ण को प्रेम करती है; कृष्ण, राधा की पूजा करते हैं। राधा, कृष्ण की आराध्या हैं। कृष्ण, राधा के बोल पर बिक जाता है। राधा जरा दूर की नगरी लगती है, मीरा निकट पड़ती है। वृंदावन दूर लगता है, मेड़ता नजदीक पड़ता है। अनुभव और भाव दृष्टि से भी मीरा नजदीक पड़ती है। मीरा प्रेम दीवानी है। अपने पदों में प्रेम शब्द का बहुत प्रयोग किया है। मीरा प्रीत को बहुत महत्व देती है- जो मैं ऐसा जानती प्रीत किये दुःख होय।

मीरा को मैं पंचरूप में देखता हूँ, शिव-दृष्टि से देखता हूँ यानि कल्याण दृष्टि, मंगलकारी दृष्टि, शुभकारी दृष्टि। मीरा ने प्रीत बेल की बातें की। प्रीत और प्रेम मीरा की मूल भूमिका है। जैसे द्रौपदी अग्नि से प्रगटी, माँ जानकी भूमि से प्रगटीं, लक्ष्मी जल से प्रगटीं। सरस्वती शब्द है आसमाँ से प्रगटीं। पराम्बा जगदम्बा भवानी बर्फ हिमालय से प्रगटीं। ये साधु क्रम है। मीरा की भूमि प्रीत है, प्रेम है, अनुराग है। राग को पार करता अनुराग और अनुराग आखिर में विराग तक ले चलता है। मीरा रूपी बेल का बीज भूमि का उद्गम स्थान प्रीत है। फिर इस बेल में जो कलियाँ आयीं, वो मीरा का दूसरा अंग है- मीरा के गीत। बहुत पद लिखे, बहुत गाया मीरा ने। तीसरा रूप महसूस किया गया वह है फूल। जब फूल खिलते हैं तो हवा चलते ही वह हिलने लगते हैं। कलियाँ कम हिलेंगी। जो फूल पूरी तरह विकसित हो गया है, खिल गया है, वह छोटे से हवा के झोंके से हिलने लगता है। शाखा के हिंडोले पर फूल का हिलना नृत्य है। यह तीसरा रूप है मीरा के जीवन की धारा का। पग घुँघरू बाँध मीरा नाची। चौथा अंग है फूल बनने के बाद कृष्ण चरणों में समर्पित हो जाना। राधा, कृष्ण के केश का फूल है और मीरा कृष्ण के कोमल चरणों का फूल है। कृष्ण के चरणों में अर्पित हो जाना समग्र रूपेण समर्पण है। मीरा द्वारकाधीश में खुद को विलीन कर देती है, यह समर्पण

का गौरीशंकर शिखर है।

पाँचवा और अंतिम अंग कभी कम न होने वाली शाश्वत महक है। एक देवतायी सुगंध, एक नूरानी खुशबू। महक को कोई पकड़ नहीं पाता, बस महसूस किया जाता है। मेरे साधु हृदय में यह पंचांगीय मीरा प्रतिष्ठित है। जब हम निर्णय नहीं कर पाते, कृष्ण मुस्कुराते हुए कहता है सब छोड़ दे, मेरे पास आ जा। मैंने पढ़ा है कि मीरा ने यह भी कहा है, मैं ब्रज की गोपी हूँ, बरसाना मेरा गाँव है। तभी तो माँ सावित्री ने दोनों को समान रूप से देखा। राधा कृष्ण की आराध्या है। मीरा के आराध्य कृष्ण हैं। राधा अपनी जगह परम तत्व है। मीरा अपनी जगह परम प्रेम है। राधा हमें ब्रह्म देती है, मीरा हमें प्रेम देती है।

* श्री राज कौशिक जी की फेसबुक वॉल से साभार

कोरोना इफेक्ट-

ना कोई इलाज ना कोई वैक्सीन
ना इस की कोई दवाई है
इश्क तेरे टक्कर की बीमारी
पहली बार आयी है

21 अप्रैल 2020

* सुप्रभात।

* मुस्लिम समाज के सभी लोग अपने समाज के लोगों को क्यों नहीं समझा पा रहे कि कोई भी बीमारी धर्म देखकर आक्रमण नहीं करती और न ही कोई धर्म उस बीमारी को समाप्त कर सकता है। समाप्त तो हमारी समझदारी ही करेगी और समझदारी से उत्पन्न उस बीमारी को पैदा होने के कारण के निवारण यानी दवा।

* जब यह बात पहले ही बतायी जा चुकी है कि जो भी तबलीगी जमाती जहाँ-जहाँ है वह स्वतः बाहर आकर अपना चेकअप करा लें... लेकिन जमाती बाहर आ ही नहीं रहे हैं अपितु छिपने के नये-नये उपाय सोच रहे हैं यानि प्रशासन के काम को और अधिक बढ़ाना ही जैसे इनका उद्देश्य बन गया है। एक और निंदनीय कार्य हो रहा है कि हमारे पढ़े-लिखे मुस्लिम भाई इन संक्रमित जमातियों

को अपने घर में शरण देकर प्रशासन की आँखों में धूल झोंकने का प्रयास कर रहे हैं। इलाहाबाद विश्वविद्यालय के सोशोलॉजी के प्रोफेसर ने अपने घर में 17 तबलीगी जमातियों को छुपाकर रखा हुआ था, जिसमें कुछ इंडोनेशिया के थे और कुछ मलेशिया के। यह सब वह लोग थे जो टूरिस्ट वीजा पर भारत में आकर धर्म का प्रचार कर रहे थे। लानत है ऐसे प्रोफ़ेसर पर जो भारत सरकार की तनख्वाह ले रहा है और भारत सरकार की तकलीफें बढ़ा रहा है। उसे तो आगे आकर प्रशासन को बताना चाहिए कि यह लोग मेरे पास हैं उनका चेकअप कर लीजिए। इससे एक तो भारत के अन्य नागरिक इस संक्रमण से बचते और उसका परिवार भी संक्रमण से बचा रहता, लेकिन नहीं उनके लिए तो धर्म पहले है, देश बाद में। संसार के सभी तब्लीगियो को बचाना है देश बचे या न बचे। यह हाल अकेले इन प्रोफेसर का नहीं है, देश के अधिकांश पढ़े-लिखों का है।

* संक्रमण की गति जितनी तेजी से बढ़ रही है, उतनी तेजी से लोग ठीक भी हो रहे हैं। कल समाचार आया कि राष्ट्रपति भवन के एक सफाई कर्मचारी को कोरोना पॉजिटिव पाया गया है। ये समाचार मिलते ही तमाम कर्मचारियों का परीक्षण किया गया तथा संक्रमित कर्मचारी को क्वॉरेंटाइन कर दिया गया है।

* पूरे विश्व में अब तक 2452397 कुल केस हो चुके हैं, 168784 मौत हो चुकी हैं तथा 642635 लोग ठीक हो गये हैं। अलग से अगर देखें तो अमेरिका इन दिनों सबसे अधिक पीड़ित है, वहाँ 741214 कुल केस हो चुके हैं, 41356 लोग मर चुके और 71489 लोग ठीक हो गये हैं।

* भारत में दोपहर 12:00 बजे तक 18828 संक्रमित केस सामने आ चुके हैं, 601 की मृत्यु हो चुकी है तथा 3284 लोग स्वस्थ हो गये हैं। अभी तक महाराष्ट्र में सबसे अधिक 4666 केस मिल चुके हैं। भारत के सबसे बड़ी आबादी वाले प्रान्त उत्तर प्रदेश में 1184 केस सामने आये हैं जिनमें 18 लोग मर चुके तथा 140 लोग स्वस्थ होकर अपने घर जा चुके हैं। उत्तर प्रदेश में सर्वाधिक 243 आगरा में हैं जबकि लखनऊ अभी भी दूसरे नम्बर पर है। केवल 164 केस सामने आये हैं। यहाँ नज़दीक के जिले अलीगढ़ के उस्मानपाड़ा और अलहददादपुर में एक-एक संक्रमित केस मिलने के कारण यह दोनों इलाके सील कर दिये हैं। सरकार बता रही है कि भारत में कोरोना की गति धीमी हुई है।

* कल अपने पिता के निधन का समाचार सुनने के बाद मुख्यमंत्री योगी जी थोड़ी देर के लिए गम्भीर हुए, आँखें नम हुई और कोरोना से सम्बंधित मीटिंग को जारी रखा। अपने पिता की अंत्येष्टि में भी लॉकडाउन के कारण नहीं जा

पायें। इस खबर ने सोशल मीडिया तथा मीडिया जगत में उनका कद और बढ़ा दिया है। वहीं कुछ लोग उनके इस निर्णय से नाराज भी हैं और योगी जी को अपने मृत पिता के प्रति फर्ज न पूरा करने की भरपूर निंदा भी कर रहे हैं।

∗   गाजियाबाद के दैनिक युगकरवट के सम्पादक श्री सलामत मियाँ के एक वीडियो ने मुझे हिला दिया, उनके विचारों को मैं अपनी कलम से आपके सामने रख रहा हूँ। वह कहते हैं---

'आज दुनिया के जो हालात हैं वह किसी से छिपे नहीं हैं। अनेक देश इससे प्रभावित हैं उनकी भयावह तस्वीरें रोज दिलों को दहला रही हैं। सवाल यह है कि जब हम परेशान होते हैं, दुःखी होते हैं, बीमार होते हैं, तो ऊपर वाले के दरबार में जाते हैं, मंदिरों में कीर्तन करते हैं, मस्जिदों में नमाज अदा करते हैं, चर्च में प्रार्थना करते हैं, गुरुद्वारे में अरदास करते हैं और अपने-अपने इष्ट से प्रार्थना करते हैं कि हमारे ऊपर जो आफत आयी है या दुनिया के ऊपर जो मुश्किलें आयी हैं तू उनको दूर कर दे।

आज ऐसा पहली बार हुआ है कि मंदिरों के दरवाजों पर ताले लग गये हैं, मस्जिद सूनी हो गयी हैं। नमाज तो हो रही है लेकिन सिर्फ मौलवी अकेला नमाज पढ़ रहा है, मंदिरों में पुजारी अकेले आरती कर रहा है। आम आदमी अपने पूजा स्थल में नहीं जा सकता। यह बहुत अहम विषय है। ऊपर वाले ने आप के लिए अपने दरवाजे बंद कर दिये हैं। आखिर कहीं न कहीं हमसे कोई गलती जरूर हुई है, इसलिए आज यह नौबत आयी है। आप सोचिए ऐसा कभी नहीं हुआ मुझे तो याद नहीं है मैंने अपने अनेक बुजुर्गों से मालूम किया उन्होंने भी यही बताया ऐसा कभी नहीं हुआ है कि धार्मिक स्थल बंद कर दिये गये हों। ये आत्म मंथन का विषय है कहीं न कहीं चूक जरूर हुई है। हमसे कोई गुनाह हुआ है, अपराध हुआ है जो ऊपर वाले ने हमारे लिए अपने दरवाजे बंद कर दिये। आज हमसे अपने दूर हो गये हैं, अपने सगे-सम्बंधी के लिए दरवाजे बंद हैं। कोई अगर आपसे मिलने आ रहा है तो आप दूर से ही नमस्ते करके बाद में मिलने का बहाना करके अपने दरवाजे बंद कर देते हैं। आखिर क्यों? बुजुर्ग कहते हैं जब विश्व युद्ध हुआ था तब भी धार्मिक स्थल कभी बंद नहीं हुए। 100 वर्ष पूर्व स्पेनिश फ्लू आया था, उसमें भी हजारों लोग मरे थे। तब भी मंदिर, मस्जिद, गुरुद्वारे, चर्च आम आदमी के लिए खुले हुए थे। आज ऐसी नौबत क्यों आयी। कहीं ना कहीं कोई गुनाह जरूर हुआ है। हमने दूसरों के साथ जरूर कोई न कोई अन्याय किया है। अपने भाई का हक मारा है, अपनी बहन का अधिकार छीना है, अपने माँ-बाप

के फ़र्ज़ को नहीं निभाया है या हमने दोस्तों के साथ दगा किया है, यह कहीं उसकी सजा तो नहीं है?

अगर ये उसकी सजा है तो अपने घर में बैठकर टीवी के सामने या मोबाइल में घण्टों समय बर्बाद न कर के ऊपर वाले से अपने गुनाहों की क्षमा माँगते हुए उनसे प्रार्थना करें, प्रायश्चित्त करें तो खुदा, भगवान माफ कर देगा। तभी हम इस आपदा से बच सकते हैं वरना हमें कोई नहीं बचा सकता। इस कोरोना की कोई दवा नहीं बनी अब तक, जो हमें बचा ले। सरकार ने लॉकडाउन कर दिया है, हम सब घरों में कैद हैं न किसी को मदद पहुँचा सकते हैं न किसी की मदद ले सकते हैं। बस घरों से बाहर न निकलें, अपने घरों में बैठकर अधिक से अधिक ऊपर वाले से अपने गुनाहों की माफी माँगते हुए प्रार्थना करें हे ईश्वर! हे अल्लाह! हमें मुसीबत से निकाल और आगे भी ऐसी मुसीबत में कभी मत डालना। हम लोग सरकार के सारे निर्देशों का पालन करें, इस समय हमारी यही देशभक्ति है।'

22 अप्रैल 2020

सुप्रभात।

*   रात को न्यूयार्क निवासी श्री प्रदीप टण्डन जी से बात हुई। उन्होंने बताया अकेले न्यूयार्क में पिछले 24 घण्टे में दो हजार मौत हो चुकी हैं। अभी तक भारतीयों के मरने की सूचना नहीं आ रही थी, लेकिन भारतीयों में भी अब यह संक्रमण फैल गया है। अब तक अमेरिका में 803575 लोग संक्रमित हो चुके हैं, 43663 लोगों की मृत्यु हो चुकी है, 75317 लोग इलाज से ठीक भी हो गये हैं।

*   पूरे विश्व में कोरोना से 25, 32490 लोग संक्रमित हो चुके हैं, 175412 लोगों की मृत्यु हो चुकी है तथा 669601 लोग ठीक होकर अस्पताल छोड़ गये हैं।

भारत में 20333 केस अब तक सामने आ चुके हैं, 4006 लोग स्वस्थ हो गये हैं लेकिन 652 लोग मृत्यु के मुंह में जा चुके हैं। उत्तर प्रदेश में 1337 लोग संक्रमित हो चुके हैं, 30 लोगों की मौत हो चुकी है तथा 162 लोग ठीक

भी हो गये हैं। अकेले आगरा में संख्या बढ़कर 306 हो गयी है आज अलीगढ़ में भी कोरोना संक्रमण के कारण एक की मृत्यु हो गयी है।

*   कुछ दिन पहले चीन से साढ़े छह लाख रैपिड टेस्ट किट भारत आयी थीं। कुछ तो ठीक निकलीं, लेकिन अनेक राज्यों ने इसे फेल कर दिया है इसलिए अब टेस्टिंग पर रोक लगा दी गयी है। उत्तर प्रदेश में भी इन किटस से टेस्टिंग पर रोक लग चुकी है।

*   लॉकडाउन के इस काल में सरकार धीरे-धीरे अपनी पाबंदियाँ हटाती जा रही है। आज बुकसेलर तथा मोबाइल रिचार्ज की दुकानें भी खुलने लग गयी हैं।

*   दुनिया के अनेक देश वैक्सीन बनाने में जुटे हुए हैं। कोशिश यह है कि जल्दी से जल्दी इस वैक्सीन को बनाकर तैयार कर लिया जाय। अमेरिका ने तो ह्यूमन ट्रायल भी शुरू कर दिये हैं। अब चिंता इस बात की है कि जल्दबाजी में वैक्सीन बनाने में कोई चूक न हो जाय अगर ऐसा हो गया तो फिर से लाखों लोगों के जीवन के लिए एक बहुत बड़ा खतरा बन जायेगा।

*   आज हिंदी के सुप्रसिद्ध व्यंग्यकार, फिल्म निर्माता एवं अनेक पुस्तकों के रचयिता पद्मश्री डॉ अशोक चक्रधर जी से बात हुई। वह अपने निजी कामों में इतने व्यस्त रहते हैं कि मुझे भी उनसे वक्त लेने में तीन बार मशक्कत करनी पड़ी। जब भी फोन करता किसी न किसी काम में व्यस्त मिलते। अनेकों चैनल्स वाले आजकल ऑनलाइन बाइट लेने के लिए लाइन में लगे रहते हैं; कुछ जगह नियमित कॉलम रहते हैं तो उनके लिए भी लिखना पड़ता है।

इसमें दो राय नहीं कि वह मुझसे अत्यंत स्नेह करते हैं; मुझे अंतरराष्ट्रीय बनाने में उनका बहुत बड़ा हाथ रहा है। 1997 में पहली विदेश यात्रा ओमान की उन्हीं के सौजन्य से हुई थी। बहरहाल फोन पर जब बात हुई तो बोले- "डियर मेरी बहुत-सी बातें तुम्हारे प्रश्नों से इतर भी हो सकती हैं और तुम भूल भी सकते हो तो मेरी सारी बातें रिकॉर्ड कर लो, फिर तसल्ली से लिख लेना।" मुझे भी उनकी बातचीत उचित लगी और मैंने वही किया। यह पहली बातचीत है जो मुझे रिकॉर्ड करनी पड़ रही है।

मैंने पूछा- दद्दू आपसे यह पूछना तो व्यर्थ ही है कि दिन कैसे कट रहे हैं, क्योंकि समय के पल-पल का सदुपयोग कैसे किया जाता है यह कोई आपसे सीखे। जब आप यह कहते हैं कि मेरे पास इतना काम है कि अगर मुझे दूसरा जन्म भी लेना पड़ जाय तो भी शायद खत्म न हो तो उस शख्स से यह पूछना कि

आप अपना खाली समय कैसे व्यतीत करते हैं ये बेमानी होगी। लेकिन मुझे पूछना जरूरी है इसलिए मैं आपसे पूछ रहा हूँ कि- ''अब घर में रत्ना बाई, पुष्पा और आपके प्रिय राजीव वत्स जी तो लॉकडाउन के कारण आते नहीं होंगे तो इतना लोड भरा दिन कैसे गुजारते हैं आप?'

मेरी बात पर अशोक जी बोले- ''डियर, क्योंकि हमारे सोने का समय तय नहीं होता इसलिए जागने का भी तय नहीं है। रात को एक फिल्म जरूर देखते हैं अगर फ़िल्म 3-4 बजे तक चल गयी तो जागते-जागते दस भी बज जाते हैं। शरीर ऊर्जावान होकर चले, उसके लिए 5 से 6 घण्टे की गहन निद्रा का होना बहुत जरूरी है... यह कोई नियम नहीं है कि ब्रह्ममुहूर्त में उठना ही उठना है। हमारी प्राथमिकता है कि हमें बिस्तर पर उठने से पहले ही चाय मिल जाय तो बागेश्री चाय दे जाती हैं उसे पीकर हम चैतन्य हो जाते हैं। गार्डन में जाना मना है इसलिए घर के एक सिरे से दरवाजे के दूसरे सिरे तक इतना टहलते हैं कि 4000 कदम हो जायँ... और भी अधिक कैलोरी बर्न करनी है तो सीढ़ियाँ चढ़ उतर लेते हैं। फिर सुबह की चाय बनाने में किचिन में जाकर हम अपना कौशल दिखाते हैं और दोनों बैठकर चाय पीते हैं; अखबार को पूरा सैनिटाइज करके चिमटी से एक एक पन्ने को पलटकर पढ़ते हैं।

अब शुरू होता है सफाई का काम, तो पूरे घर में नीचे की झाड़ू मैं लगाता हूँ ऊपर की बागेश्वरी जी। एक पोछा लगाने की विदेश से मशीन लेकर आया था तो अब वह बहुत मदद कर रही है। 1 सप्ताह में तीन बार उस मशीन से पोछा लग जाता है, लेकिन सफाई का पूरा ध्यान रखता हूँ तथा सैनिटाइजेशन के साथ अच्छी तरह से यह कार्य सम्पन्न करता हूँ। फिर हम दोनों नाश्ता बनाते हैं, कभी सैंडविच तो कभी पोहा। इसके बाद घर पर ही चलते-फिरते व्यायाम हो जाता है।

इस समय राजीव जी आ नहीं रहे तो अपना ऑफिस घर पर उठा लाया हूँ; किताबों का लिखना, उनकी एडिटिंग... अनेक चैनल के लिए घर पर ही बाइट, कॉलम इत्यादि चलता रहता है। बालों में तेल लगाता हूँ जिससे वह मेरे नहाने के वक्त तक बालो को पोषित कर देता है। पहले मेरे बाल बहुत गिरते थे, लेकिन अब पोलूशन कम होने के कारण बालों का गिरना बहुत कम हो गया है। पहले घर के बाहर पेड़ों पर चिड़ियां नहीं आती थीं, अब रंग-बिरंगी चिड़ियों की चहचहाहट खूब सुनायी पड़ती है।

नहाने के बाद भोजन की तैयारी होती है; मैं सब्जी काट देता हूँ बागेश्वरी जी ने शुरू से भोजन बहुत कम बनाया है तो सब्जी छोंकने में मैं उनका सहयोग कर

देता हूँ, आटा भी गूँध देता हूँ और कभी-कभी एकाध रोटी बनाने का अभिनय भी करता हूँ लेकिन वह मुझे बनाने नहीं देती। खाना बन जाने के बाद हम एक साथ बैठकर खाते हैं... यह काम पहले नहीं हो पाता था, अब हो रहा है तो अच्छा लगता है।

4-5 बजे बाहर के लॉन में सफाई करता हूँ। पेड़ों के सूखे पत्ते नीचे गिर जाते हैं, उन्हें उठाकर बाहर फेंक देता हूँ।

सब्जी लेने या ग्रॉसरी लेने के सवाल पर वह बोले -"भैया, सब्जी खरीदकर अगर हम सब्जी वाले को बड़ा नोट देते हैं तो सामान के बचे हुए पैसों को हम हाथ से नहीं छूते, एक पॉलिथीन दुकानदार के सामने कर देते हैं उसमें डाल देता है फिर उसे हम 3 दिन तक स्पर्श नहीं करते... तब तक सम्भावित वायरस खत्म हो जाता है।

मैं यह तो बेबाकी से कह सकता हूँ कि अगर संचार माध्यम न होता, मोबाइल न होते, सोशल मीडिया न होता तो यह कोरोना हम सब के लिए कहरोना बन जाता, मुश्किल हो जाता घर में रहना। प्रकृति को प्रसन्न देखकर मैं भी प्रसन्न हूँ। देखो आसमान कितना साफ दिखायी देने लगा है, नदियाँ कितनी निर्मल हो गयी हैं। घर में काम कार्य करने की दीक्षा बार-बार ऑस्ट्रेलिया जाने पर अनुराग के घर से हो गयी। वहाँ नौकर तो होते नहीं सारा काम का स्वयं ही करना पड़ता है। सप्ताह में एक बार सफाई होती है। यहाँ धूल अधिक है इसलिए सप्ताह में दो बार कर लेते हैं।

जब फुरसत का समय मिल जाता है तो व्हाट्सएप चेक करता हूँ, जिनके जवाब देने होते हैं उनको जबाब दे देता हूँ, शेष को सरसरी नजर से देखकर छोड़ देता हूँ। फिर भी व्हाट्सएप एक घण्टा तो ले ही जाता है। दिन में चलते-फिरते टीवी देखता रहता हूँ, मेरा मन होता है तो आराम से बैठकर देख लेता हूँ। अगर बागेश्रीजी कोई चैनल देख रही हैं तो मैं उस चैनल को उसी रोचकता से देखता हूँ जैसे वह देख रही हैं। आज कल सुबह के नाश्ते के साथ आधा चम्मच हल्दी के साथ दूध पीकर रोग प्रतिरोधक क्षमता बढ़ा रहा हूँ। घर में किसी भी काम का कोई बँटवारा नहीं है, जिसका जो दाँव पड़ता है वह कर लेता है... कुल मिलाकर बिना विवाद के आनंद की अनुभूति हो रही है।

आजकल एक फिल्म की स्क्रिप्ट पर भी काम कर रहा हूँ, जब अवसर आयेगा तो जगजाहिर कर दूँगा।

बच्चों की याद करते हुए बोले- ‘‘पास में ही स्नेहा और उसके पति रहते हैं तो जब कभी वह आ जाते हैं तो दिन और अधिक आनंददायक हो जाता है। लगभग रोजाना अनुराग से बात हो ही जाती है। वहाँ भी लॉकडाउन चल रहा है; वह घर में उधर बंद है इधर हम लोग बंद हैं।

यह तो तय है कि इस कोरोना काल के व्यतीत हो जाने के बाद एक नयी तरह की दुनिया सामने आयेगी... अगर लोगों को सद्बुद्धि आ गयी तो यह दुनिया बहुत खूबसूरत हो जायेगी अगर समझदारी नहीं आयी तो इस दुनिया की शक्ल और भी अधिक खराब दिखायी देगी।’’

इसके अलावा श्री अशोक चक्रधर जी से एक घण्टा अन्य मुद्दों पर भी रोचक वार्तालाप हुआ। फिर उन्हें कोई जरूरी काम याद आ गया और मुझसे मुस्कुराकर लवस्कार कर लिया।

23 अप्रैल 2020

* सुप्रभात।

* आज विश्व पुस्तक दिवस है, इससे सम्बंधित दैनिक जागरण में एक लेख प्रकाशित हुआ है जिसका एक हिस्सा मैं भी हूँ। सुबह से अनेक फोन कॉल मुझे बधाई के लिए आ चुके हैं जब कि इसमे बधाई जैसी किसी चीज़ की ज़रूरत ही नहीं।

* कोरोना के फ्रंटलाइन के योद्धाओं को समर्पित जिस के रचनाकार श्री कमलेश द्विवेदी हैं जिसे बहुत सुंदर गाया सारांश सक्सेना ने। इस वीडियो का सम्पादन दिव्यांश द्विवेदी ने किया है। बहुत अच्छा ऑडियो वीडियो बना है, सोशल मीडिया पर डालते ही वायरल हो गया है। सारांश की प्रशंसा में मेरे पास अमेरिका तक से फोन आ गये।

* आज पूरे विश्व में 2604716 कोरोना के संक्रमित रोगी हो चुके हैं। 181418 लोग मर चुके हैं तथा 712254 लोग स्वस्थ हो गये हैं। अमेरिका में हालात बहुत खराब हो गये हैं, वहाँ 829013 लोग संक्रमित हो गये हैं, 46147 लोग मृत्यु को प्राप्त हो गये हैं तथा 83420 लोग स्वस्थ होकर अपने

घर जा चुके हैं।

भारत में दोपहर तक 21472 लोग संक्रमित हो चुके हैं, 682 लोगों की मृत्यु हो चुकी है तथा 4382 लोग स्वस्थ हो गये हैं। उत्तर प्रदेश में 1449 संक्रमित हो गये हैं, 21 लोगों की मृत्यु हो चुकी है तथा 173 लोग ठीक भी हुए हैं। अकेले आगरा में अब तक 324 कोरोना पॉजिटिव पाये जा चुके हैं।

*   आज सरकार की तरफ से एक अच्छी खबर यह है कि आये दिन मेडिकल स्टाफ के प्रति दुर्व्यवहार करने वालों की अब शामत आने वाली है। सरकार एक अध्यादेश लायी है कि अगर डॉक्टरों, स्वास्थ्य कर्मियों पर हमला किया तो 50000 से लेकर 500000 तक का जुर्माना और 7 साल तक की जेल हो सकती है। तमाम अनुरोध और एडवाइजरी के बावजूद स्वास्थ्य कर्मियों पर हो रहे हमलों को रोकने के लिए केंद्र सरकार ने इसे गैर जमानती अपराध की श्रेणी में डाल दिया है। कानून तो पहले भी बना था लेकिन उसमें सजा का कोई स्पष्ट प्रावधान नहीं था, इसके लिए अब प्रधानमंत्री ने स्पष्ट कहा है कि स्वास्थ्य कर्मियों की सुरक्षा से कोई समझौता नहीं हो सकता। महामारी बीमारी (संशोधन) अध्यादेश 2020, अग्रिम पंक्ति में रहकर कोविड-19 से लड़ रहे प्रत्येक स्वास्थ्य कर्मी की सुरक्षा करने की सरकार की प्रतिबद्धता दर्शाता है

*   अभी तक तो स्वास्थ्य कर्मियों पर हमले हो रहे थे, कल अलीगढ़ में लॉक-डाउन का पालन कराये जाने पर लोगों ने पुलिस पर ही पथराव कर दिया और एक सिपाही का सिर भी फूट गया है। निश्चित समय के बाद भी एक सब्जी विक्रेता को हटाने को लेकर एक पुलिसकर्मी पर अनेक व्यक्तियों ने एक साथ हमला कर दिया और फिर छतों से पत्थर बरसना शुरू हो गये। बाद में वहाँ के बाल्मीकि समाज के लोगों ने पुलिस के पक्ष में पथराव किया।

*   आज खबर यह भी है कि तबलीगी जमात के मुखिया मौलाना शाद के फार्म हाउस पर क्राइम ब्रांच ने छापा मारा है। यह फार्म हाउस शामली जिले में काँधला कस्बे में स्थित है। लगभग पौने 2 घण्टे तक पुलिस ने फार्म हाउस का हर कोना तलाशा, लेकिन न तो वह ढूँढ़ने से मिला और न वहाँ काम कर रहे किसी कर्मचारी से कोई सुराग मिला।

24 अप्रैल 2020

* सुप्रभात।

* आज लॉकडाउन को पूरा एक महीना हो चुका है। आज यानी 24 मार्च को प्रधानमंत्री ने 21 दिन के लॉकडाउन की घोषणा की थी जिसे बाद में 14 अप्रैल से बढ़ाकर 3 मई तक यानी 40 दिनों का कर दिया गया था।

* लॉकडाउन का असर विश्व में कहीं दिख रहा हो या नहीं लेकिन भारत में अवश्य इसका असर दिख रहा है। अमेरिका में पिछले 24 घण्टे में ढाई हजार लोग मृत्यु के मुँह में पहुँच चुके हैं। अभी तक पूरे विश्व में 2697585 लोग कोरोना पॉजिटिव पाये जा चुके हैं, 188872 लोगों की मृत्यु हो चुकी है तथा 739971 लोग स्वस्थ हो गये हैं।

भारत में अब तक 23140 लोग कोरोना पॉजिटिव पाये जा चुके हैं, 722 लोगों की मौत हो चुकी है तथा 5058 लोग स्वस्थ हो चुके हैं। उत्तर प्रदेश में 1510 लोग कोरोना पॉजिटिव पाये जा चुके हैं, 24 लोगों की मौत हो गयी है तथा 206 लोग ठीक होकर अपने घर जा चुके हैं। अभी भी पूरे उत्तर प्रदेश में आगरा का स्थान सर्वोपरि है अभी तक यहाँ 336 लोग कोरोना पॉजिटिव पाये जा चुके हैं।

* राहत की बात यह है कि भारत मे पिछले 14 दिनों से जहाँ कोरोना मरीज समाप्त हो गये हैं उन जिलों की संख्या 78 हो गयी है।

* यह भी सुकून की बात है कि कोरोना की इस लड़ाई में फ्रंट लाइन पर खड़े लोग जो अपनी जान हथेली पर लेकर हमारे बीच काम कर रहे हैं चाहे वह स्वास्थ्य कर्मी हो या सफाई कर्मी उनके साथ जो दुर्व्यवहार की खबरें आ रही हैं। उनसे अधिक खबरें उनके सम्मान की, स्वागत की तथा उत्साह वर्धन की खबरें आ रही हैं; जगह-जगह स्वयंसेवी संस्थाएँ इनको उपहार दे रही हैं, फूल मालाएँ पहनाकर ताली बजाकर उनका सम्मान कर रही हैं। इससे सिद्ध होता है कि अगर अच्छे लोग आगे आ जायँ तो बुराई का नामोनिशान मिट जाता है। सकारात्मक सोच के आगे नकारात्मकता घुटने टेक देती है।

* आज एक शोध और सामने आया है कि कोरोना संक्रमण का खतरा स्त्रियों की अपेक्षा पुरुषों में अधिक होता है। कोविड-19 का संक्रमण के ACE 2 नामक

कोशिका प्रोटीन से जुड़ा हुआ है जो अंडकोष में पाया जाता है यह प्रोटीन महिलाओं की डिम्ब ग्रंथि ऊतकों में उतनी मात्रा में नहीं पाया जाता। अध्ययन बताता है कि अंडकोष कोरोनावायरस को इम्यून सिस्टम से संरक्षण प्रदान करता है इसीलिए संक्रमण पुरुषों में ज्यादा समय तक रहता है। यह अध्ययन मोन्टेफियोर मेडिकल सेंटर ब्रोंक्स की कैंसर विशेषज्ञ डॉक्टर आदिति शास्त्री ने अपनी माँ जयंती शास्त्री के साथ मिलकर किया है। जयंती शास्त्री मुम्बई स्थित कस्तूरबा हॉस्पिटल फॉर इनफेक्शियस डिजीज में माइक्रोबायोलॉजिस्ट हैं।

अध्ययन में कहा गया है कि कोविड-19 जब शरीर में प्रवेश करता है तो वह ACE 2 प्रोटीन यानी एंजियोटेंशिन कन्वर्टिंग एंजाइम 2 से जुड़ जाता है, यह प्रोटीन फेफड़ों, हृदय तथा आँतों में भी पाया जाता है लेकिन पुरुषों में यह अंडकोष में भी ज्यादा मात्रा में मिलता है जबकि महिलाओं की डिंब ग्रंथि के ऊतकों में इसकी मात्रा बहुत कम होती है। अध्ययन में मुंबई में रहने वाले संक्रमित 48 पुरुषों और 20 महिलाओं को शामिल किया गया। पाया गया कि महिलाओं में संक्रमण समाप्त होने में 4 दिन लगे जबकि पुरुषों में यह समय 6 दिन यानी करीब 50% ज्यादा था पुरुषों की स्वस्थ होने में भी पुरुषों की स्वस्थ होने में भी महिलाओं से ज्यादा समय लगा। अध्ययन में शामिल सहभागियों की उम्र 30 से 75 और औसत उम्र 37 साल थी

(दैनिक जागरण 24 अप्रैल 2020 से साभार)

∗   आज काव्य मंच के युवा हस्ताक्षर, संचालक हास्य कवि डॉ प्रवीण शुक्ल से बात करने का मन हो आया। डॉ. प्रवीण शुक्ल बड़े ही सरल, सौम्य, शांत और हँसमुख व्यक्तित्व के धनी हैं। बहुआयामी व्यक्तित्व प्रवीण एक स्कूल में अध्यापक हैं। खुद का एक स्कूल है तथा प्रॉपर्टी डीलर भी हैं। कवि सम्मेलनों के अत्यंत व्यस्त कवि। आज उनका खुद ही फोन आ गया। दोनों ने एक-दूसरे की कुशलक्षेम जानी। मैंने पहला सवाल किया- ''प्रवीण इस कोरोना काल ने सबकी जिंदगी एकदम रोक दी है, कवि सम्मेलन बंद है तुम्हारा स्कूल भी बंद है, प्रॉपर्टी का काम भी बंद है ऐसे में क्या करते हो पूरे दिन?

बोले- ''भैया सुबह 9:00 बजे उठता हूँ।''

मैंने पूछा- ''इतनी देर से क्यों?''

वह बोले- ''सोते-सोते दो तीन बज जाते हैं। दरअस्ल रात को खाने के बाद मैं अपनी छत पर 1 घण्टे टहलता रहता हूँ। 10:30 बजे नीचे आता हूँ 11:00

बजे तक दोनों बच्चे अपने काम निपटा देते हैं, फिर हम चारों एक जगह बैठकर लूडो खेलते हैं। अगर दो गेम भी खेल लिये तो 3 घण्टे लग जाते हैं। इस तरह 2:00 बजे सोना हो पाता है तो सुबह 9:00 बजे जाग कर दैनिक प्रातःकालीन जरूरी कार्य पूरी करता हूँ फिर नाश्ता। लगभग 11:00 बजे मेरे अपने स्कूल के स्टाफ को लाइन पर लेकर उन्हें बच्चों को ऑनलाइन पढ़ाने के लिए काम देता हूँ। सबके ग्रुप्स बने हैं, सब में मैं एडमिन हूँ इसीलिए पूरे कार्यकलाप मेरी नजर में रहते हैं। 2:00 बजे खाना खाकर जैसे ही फ्री होता हूँ, प्रिय दुर्गेश मुझे पूरे स्कूल के स्टाफ की रिपोर्ट दे देते हैं कि किसने आज पढ़ाया, किसने नहीं पढ़ाया। फिर 4:00 बजे से मेरी ऑनलाइन क्लास चलती हैं, अपने स्टूडेंट्स को अर्थशास्त्र पढ़ाता हूँ। लगभग 6:00 बजे चाय के साथ स्कूल के स्टाफ से फिर बातचीत करता हूँ। इस बीच जब भी फ्री होता हूँ तो थोड़ा आराम कर लेता हूँ। 6:00 से 8:00 बजे तक कवियों के कई ग्रुप बन गये हैं उनमें शिरकत करता हूँ, कहीं लाइव आना होता है तो लाइव आता हूँ, कहीं कविता की रिकॉर्डिंग भेजना इत्यादि यह सब कार्य चलते रहते हैं। हमने एक कार्यक्रम काव्य उमंग चला रखा है इसमें हम अपने घर पर ही रिकॉर्डिंग करते हैं। 1 दिन में 3 से 4 एपिसोड की शूटिंग कर लेता हूँ। सभी मित्र अपनी-अपनी रिकॉर्डिंग भेज देते हैं। उनको जोड़कर एपिसोड बन जाते हैं। एक कार्यक्रम विशेष हमने अपनी संस्था साहित्य प्रेमी मण्डल के माध्यम से शुरू किया है जिसमें 'कवि की यात्रा कवि के मुख से' इसमें कोई भी प्रसिद्ध कवि अपनी काव्य यात्रा का वर्णन करता है इसमें कविता सुनाना कोई बाध्यता नहीं है अगर वह सुनाना चाहें तो सुनाएँ। कुछ प्रश्न में उनसे करता हूँ और उन प्रश्नों का वह जवाब देते हैं। इस प्रकार इन कार्यों में व्यस्त रहता हूँ। ऐसा लगता नहीं है कि यह लॉकडाउन हमारे लिए अभिशाप है एक तो हम अपनी हॉबी को निखार रहे हैं, दूसरे अपने घरों में सुरक्षित रहकर इस वायरस से अपने परिवार को और खुद अपने को बचाकर भारत के कोरोना उन्मूलन कार्यक्रम में सहयोग कर रहे हैं।''

* एक मजाक देखिए

35 करोड़ की आबादी है देश की... अगर रोजाना एक लाख टेस्ट भी होंगे तो आखिरी व्यक्ति का नम्बर 37 साल बाद आयेगा इसलिए तुलसी-अदरक की का काढ़ा पियो और बाकी यमराज पर छोड़ दो

25 अप्रैल 2020

* सुप्रभात।

* आज से रमजान का पाक महीना आरम्भ हो गया है।

* आज रात को बारिश हो जाने के कारण मौसम बहुत खुशगवार है। रमजान के कारण आज कुछ दुकानें अतिरिक्त खुल गयी हैं जहाँ मुस्लिम खानपान सामग्री मिलती है इसलिए बाजार में कुछ अधिक चहल-पहल दिखायी दे रही है।

* विश्व स्तरीय कोरोना मानचित्र पर नजर डालें तो अब तक पूरे विश्व में 2799787 संक्रमित केस सामने आ चुके हैं। 195119 लोग मौत के मुँह में जा चुके हैं तथा 775504 लोग स्वस्थ हो चुके हैं। अमेरिका में कोरोना से मरने वालों की संख्या 50954 तक पहुँच चुकी है।

भारत में अब तक (दोपहर) 24606 लोग संक्रमित हो चुके हैं, 782 लोगों की मृत्यु हो चुकी है तथा 5525 लोग ठीक हो गये हैं। पूरे भारत में अब तक सबसे अधिक महाराष्ट्र में कोरोना संक्रमित 6817 केस हो चुके हैं तथा 301 लोग मर चुके हैं। उत्तर प्रदेश में कुल संक्रमण आँकड़ा 1621 लोगों का हो चुका है, 25 लोग मर चुके हैं तथा 226 लोग ठीक होकर अपने घर चले गये हैं। आगरा में अभी तक 346 लोग कोरोना पॉजिटिव पाये जा चुके हैं राजधानी लखनऊ 174 संख्या के साथ अभी भी दूसरे नंबर पर है।

* कल प्रवीण शुक्ल ने अपने मित्र के बारे में बताया कि उसके मित्र के परिवार के पाँच सदस्यों को कोरोना पॉजिटिव निकला है, लेकिन किसी में भी खाँसी, जुकाम या साँस के लक्षण बिलकुल नहीं तो ऐसा क्यों हो रहा है। मैंने उन्हें कल बताया था कि कभी-कभी रोग शांत रहकर भी एकदम अटैक करता है हो सकता है उनके अंदर साइलेंट लक्षण हों। संयोग से आज एक खोज ने यह साबित भी कर दिया-

कोरोना अपनी बनावट से जैविक द्रव्य तक कई मामले में अजीब है। कई मामलों में संक्रमण दिखने में ही काफी समय लग जाता है। जब तक इसका एयरवे यानी श्वसन तंत्र का ऊपरी हिस्सा पूरी तरह संक्रमित नहीं हो जाता है, खाँसी और छींक जैसे बाहरी लक्षण नहीं दिखते हैं। चीन, जर्मनी और स्पेन में हुए शुरूआती शोधों में कहा गया है कि कुछ मरीजों में लक्षण नहीं दिखायी दे रहे

हैं ऐसे मरीज कभी बीमार नहीं पड़े सिर्फ रेंडम सेंपलिंग के दौरान पकड़े गये।

ऑक्सफोर्ड यूनिवर्सिटी ने शोध में दावा किया कि मार्च तक फैले संक्रमण के लिए बड़ी जिम्मेदारी साइलेंट पेशेंट की है। कम से कम आधे मरीज साइलेंट पेशेंट के कारण संक्रमित हुए। अमेरिका का भी मानना है कि संक्रमण फैलाने में बड़ी जिम्मेदारी साइलेंट पेशेंट की है। 15 दिन के बाद भी जिन मरीजों में संक्रमण के लक्षण नहीं दिखायी देते हैं उन्हें साइलेंट पेशेंट कहा जाता है। स्पेन में एक व्यक्ति की सर्जरी की गयी उसमें कोरोना का लक्षण नहीं पाया गया था। बाद में हुई जाँचों में डॉक्टरों को कोरोना का शक हुआ। जांच हुई तो पॉजिटिव था। अब सभी डॉक्टर और पैरामेडिकल स्टाफ क्वॉरंटाइन किये गये। हम खाँसी जुकाम वाले शख्स से परेशान हो जाते हैं, लेकिन स्वस्थ नजर आने वाले व्यक्ति के कई बार नजदीक चले जाते हैं, हमें लगता है कि वह बिलकुल ठीक है बस यही एक जाल साबित होता है।

अब सवाल उठता है कि क्या किया जाय तो इसका पीसीआर टेस्ट महँगा है, इसकी किट भी बहुतायत में नहीं है साथ ही टेस्टिंग में भी बहुत समय लगता है। एंटीबॉडी टेस्ट की सफलता भी 20% है ऐसे में हर व्यक्ति की जांच नहीं हो सकती। पहला तरीका है रैंडम जाँच की जाय, यह तरीका दक्षिण कोरिया ने अपनाया। दूसरा तरीका है लॉकडाउन। ऑक्सफ़ोर्ड युनिवर्सिटी के अनुसार 49 दिन का लॉकडाउन हो ताकि साइलेंट पेशेंट का खतरा भी पूरी तरह खत्म हो जाय।

26 अप्रैल 2020

*   सुप्रभात।

*   कल जब से रमजान शुरू हुए हैं तब से गलियों और सड़कों पर बहुत संयम दिखायी दे रहा है। जैसा कि हर सुबह 11:00 बजे तक सड़कों पर बहुत चहल-पहल रहती थी, आज उतनी नहीं है। अखबार में पढ़कर लोगों ने सोच लिया कि अब दुकानें खुल जायेंगी लेकिन उप जिलाधिकारी ने आकर सारी वह दुकानें बंद करवा दी जो अनावश्यक रूप से खुली हुई थीं।

* आज योगी सरकार ने भी स्पष्ट कर दिया कि केंद्र से भले ही अधिक छूट मिल जाय लेकिन उत्तर प्रदेश में छूट यथावत रहेगी। जितने वक्त तक पहले दुकानें खुलती थी और जो जो दुकानें खुलती थीं वही खुलेंगी क्योंकि केस थमने का नाम नहीं ले रहे। यह पहली बार हुआ है कि भारत में 24 घण्टे में सर्वाधिक 2000 केस सामने आये आये हैं।

* जैसे-जैसे लॉकडाउन बढ़ रहा है अन्य महानगरों में जो मजदूर फँसे हुए हैं उनके लिए बहुत समस्या पैदा हो रही है। किसी भी सरकार ने अभी अपने मजदूरों को लाने की व्यवस्था नहीं की है उत्तर प्रदेश के मुख्यमंत्री ने इसमें भी पहल शुरू कर दी है तथा मजदूर किस विधि से राज्यों से निकाले जायँ इस पर विचार-विमर्श चल रहा है। योगी जी ने कोटा से भी अपने छात्रों को निकालने की सर्वप्रथम पहल की थी। पहले योगी सरकार ने सभी राज्यों के मुख्यमंत्रियों से बात करके यह तय कर दिया था कि जो भी मजदूर हैं जहाँ है वहीं रहें, क्योंकि अब उनका क्वॉरेंटाइन समय पूरा हो गया है इसलिए उन्हें अब यहाँ लाने में कोई खतरा नहीं है। उस समय दिल्ली के अलावा किसी राज्य से मजदूरों को नहीं निकाला गया था। अब जब अवधि पूरी हो गयी है तो सरकार उन्हें घर लाने की तैयारी कर रही है। अब बेहतर होगा कि सरकार वह इंतजाम भी करे कि भविष्य में प्रदेश के किसी भी व्यक्ति को मजदूरी करने को दूसरे राज्य में न जाना पड़े। प्रदेश में कृषि व्यापार बाजार और उद्योग क्षेत्र में काम करने के भरपूर अवसर हैं। सरकार को जिला स्तर पर एक एसी एजेंसी स्थापित करनी चाहिए जो इन मजदूरों का मार्गदर्शन करे। किसानों के बेटे यदि मजदूरी से मुक्त होकर खेतों की तरफ लौट आयें तो इस काल की तमाम नकारात्मकता के बीच यह अच्छी उपलब्धि होगी।

* आज पूरे भारत में 26496 संक्रमित केस हो गये हैं, 5804 लोग ठीक हुए हैं तथा 824 लोगों की मृत्यु हो चुकी है। उत्तर प्रदेश में 1793 लोग कोरोना पॉजिटिव पाये जा चुके हैं, 261 लोग स्वस्थ हुए हैं तथा 27 लोगों की मृत्यु हो चुकी है। आगरा में आज कोरोना पॉजिटिव की संख्या 371 पहुँच गयी है।

संसार के हालात पर नजर डालें तो 2890892 कुल संक्रमित केस हैं, 824845 लोग स्वस्थ हो गये हैं तथा 201501 लोगों की अब तक मृत्यु हो चुकी है।

* हमारे देश में अगर देशभक्ति का जज्बा हर समय रहा होता तो हम इस बीमारी से बहुत जल्दी मुक्त हो गये होते। भारतीयों ने देश प्रेम के कुछ मौके चुन

लिये हैं। युद्ध का समय हो, 15 अगस्त, 26 जनवरी या क्रिकेट मैच, केवल इस समय ही देशभक्ति निकलकर बाहर आती है जबकि देशभक्ति का एहसास प्रतिदिन करने की आवश्यकता है, प्रतिदिन हमारे व्यवहार में भी यह देश प्रेम झलकना चाहिए... जैसे हम सड़क पर कचरा न फेंके, सड़क पर न थूकें, सभी सरकारी नियम का पालन करें। लेकिन देश की एकजुटता के प्रति भी हम सजग नहीं हैं। कोरोना से पहले दिल्ली में दंगे हुए, जाने कितनी सम्पत्ति और जानमाल का नुकसान हुआ, यह सब हमारे बिखराव के कारण होता है। यदि हम देश-प्रेम की भावना को मन में रखकर एक-दूसरे के सुख-दुख में शामिल होते रहें तो किसी भी बीमारी से हम आसानी से निपट सकते हैं। कुछ बीमारियाँ गरीबों में अधिक होती हैं चाहे वह किसी भी जाति-धर्म के हों। कुछ बीमारियाँ अमीरों में अधिक होती हैं लेकिन कोरोना वायरस कोई भेदभाव नहीं करता। न जाति धर्म में, न अमीर गरीब में। इसलिए यह बहुत जरूरी है कि हम एकजुट रह कर उससे लड़ें। यह बीमारी लड़ने के साथ-साथ हमें सुधरने की चेतावनी भी देती है कि अगर हम अब भी नहीं सुधरे तो फिर कब सुधरेंगे।

27 अप्रैल 2020

* सुप्रभात।

* आज लॉकडाउन का 34 वाँ दिन है। एक उम्मीद है कि शायद 4 मई को लॉकडाउन खुल जाय। आज इसी मुद्दे पर प्रधानमंत्री श्री नरेंद्र मोदी जी सभी राज्यों के मुख्यमंत्रियों के साथ ऑनलाइन बातचीत कर रहे हैं, क्योंकि कुछ राज्यों में स्थिति अभी भी बहुत भयावह बनी हुई है। दिल्ली में आज ही दो अस्पतालों के 61 स्वास्थ्य कर्मी कोरोना पॉजिटिव पाये-गये हैं। उत्तर प्रदेश वैसे भी हर मामले में अधिक संवेदनशील है। महाराष्ट्र कोरोना पॉजिटिव रोगियों की संख्या के मामले में पूरे देश की उच्चतम मेरिट पर है। इन स्थितियों पर चर्चा के बाद क्या फैसला होता है यह आज शाम तक या जो भी राज्यों की और केंद्र की नीति तय होगी वह मालूम पड़ जायेगा।

* आज विश्व के मानचित्र को देखें तो मालूम होगा कि कोरोना पॉजिटिव के कुल केस 2972598 हो चुके हैं, 205957 लोगों की मृत्यु हो चुकी है तथा

873868 लोग स्वस्थ हो चुके हैं।

भारत में अब तक संक्रमित रोगियों की संख्या 28062 हो चुकी है, 6527 लोग उचित इलाज से ठीक हो गये हैं तथा 884 लोगों की मृत्यु हो चुकी है। महाराष्ट्र में कुल कोरोना पॉजिटिव 8068 हो चुके हैं जो स्वयं में एक बहुत बड़ी कहानी कहते हैं। उत्तर प्रदेश में 1873 लोग कोरोना पॉजिटिव पाये जा चुके हैं, 327 लोग उचित इलाज से ठीक हो गये हैं तथा 30 लोगों की मृत्यु हो चुकी है। आगरा 372 रोगियों के साथ उत्तर प्रदेश का बहुत बड़ा हॉटस्पॉट जिला बन गया है।

* कल प्रधानमंत्री ने मन की बात में उम्मीद जतायी कि महीने भर में कोरोना से मुक्त हो जायेगी दुनिया; लेकिन यह तभी होगा कि हम पूरी सावधानी से रहें, क्योंकि सावधानी हटी दुर्घटना घटी। उन्होंने यह भी कहा कि-

हम युद्ध के मध्यकाल में खड़े हैं इसलिए सतर्कता व सावधानी बहुत जरूरी है।

इस समय हर व्यक्ति योद्धा है और इस युद्ध का नेतृत्व कर रहा है।

आग, कर्ज, बीमारी को हल्के में नहीं लेना चाहिए।

अब मास्क लगाना सभ्य समाज के जीवन का हिस्सा हो जायेगा।

अब लोगों की यहाँ-वहाँ थूकने की आदत भी खत्म हो जायेगी।

इस समय गरीबों की सहायता करना हमारी सर्वोच्च प्राथमिकता है।

महायज्ञ बन चुकी इस लड़ाई में सभी योगदान कर रहे हैं।

इस लड़ाई में थाली ताली बजा और दिया जलाकर सभी ने एकजुटता दिखायी है।

पुलिस के प्रति लोगों के नजरिये में तेजी से बदलाव आया है।

आज लोग स्वास्थ्य कर्मियों सफाई कर्मियों तथा पुलिसकर्मियों पर फूल बरसाने लगे हैं.

* प्रधानमंत्री की वीडियो कॉन्फ्रेंस से मीडिया में जो बातें छन आयी हैं वह कुछ इस तरह है कि शायद 3 मई के बाद भी लॉकडाउन का खुलना सम्भव नहीं है। 5 राज्यों ने तो लॉकडाउन खुलने पर पूर्ण असहमति व्यक्त की है; यह राज्य कौन-कौन से हैं यह जानकारी स्पष्ट नहीं है। जहाँ तक मेरा अनुमान है उन पाँच राज्यों में दिल्ली, उड़ीसा और महाराष्ट्र तो होने ही चाहिए। उत्तर प्रदेश भी ढील

देने के मूड में कतई नहीं दिखायी दे रहा, क्योंकि जिस प्रकार से चिकित्सा के प्रबंध और बड़ी संख्या में अस्पतालों को सुविधा देकर तैयार किया जा रहा है, वह इस बात के संकेत दे रहे हैं कि आगे दिन बहुत सुकून भरे नहीं हैं। राज्य सरकारों के खजाने की हालात भी दयनीय होती जा रही है। वह केंद्र के मुँह की तरफ ताक रहे हैं। केंद्र पर कोई टैक्स नहीं आ रहा, आमदनी के सारे स्रोत बंद पड़े हैं। रेलें, हवाई जहाज इत्यादि सब थमे हुए हैं तो जो जमा पूंजी है उसी को आगे तक चलाना है। मुझे लगता है 2 मई तक धीरे-धीरे सारी स्थिति सामने आ जायेगी।

* स्पेन में 44 दिन बाद 14 साल के बच्चों को घर से निकलने की सशर्त अनुमति दी गयी है। 20 मार्च के बाद यह पहला अवसर है कि 24 घंटे में मरने वाले की संख्या सबसे कम 288 रही है। एक दिन पहले यह संख्या 378 थी। देश में अब तक 23000 से ज्यादा लोगों की मौत हो चुकी है।

* सऊदी अरब में भी कल रविवार को कर्फ्यू में ढील दी गयी हालाँकि मक्का और पड़ोसी इलाकों में अभी भी 24 घण्टे का कर्फ्यू है। इस संबंध में शाही आदेश के अनुसार 23 मई तक रविवार को कुछ चुनिंदा क्षेत्रों को छोड़कर सुबह 9:00 बजे से शाम 5:00 बजे तक कर्फ्यू में ढील दी जायेगी।

* कोरोना के कहर से सबसे ज्यादा प्रभावित इटली में हालात धीरे-धीरे काबू में आ रहे हैं। वहाँ भी अब लॉकडाउन हटाने की तैयारी हो रही है। सर्वाधिक प्रभावित लोबर्डी प्रांत में लॉकडाउन करने में देरी के चलते ही कोरोना ने पूरी इटली में भयंकर तबाही मचायी। देरी से फैसला लिया इसलिए 26000 लोगों की जानें गयीं।

* कोरोना महामारी का केंद्र रहा चीन के वुहान शहर में अब कोरोना संक्रमित एक भी मरीज नहीं है। यहाँ 40452 संक्रमित मामले दर्ज किये गये तथा 3869 लोगों की मौत हुई।

* कल देश के प्रख्यात कवियों का एक संयुक्त प्रयास सामने आया। घरों में बंद सभी भारतवासियों को विषाद से निकालने तथा एक उम्मीद की किरण जगाता हुआ श्री शिशुपाल सिंह निर्धन के गीत-

'रात रात भर जब आशा का अतीत मचलता है तम से क्या घबराना सूरज रोज निकलता है '

को कवि ग्राम की तरफ से चिराग जैन के संयोजन में एक सीक्वल को तैयार किया गया, समन्वयक थे श्री अरुण जेमिनी। अपने अनुभवों की संजीवनी

दी श्री अशोक चक्रधर ने तथा इस पूरे गीत को स्वरबद्ध किया मैंने (डॉ0 विष्णु सक्सेना) और मुमताज नसीम ने। इस वीडियो में देश के जिन प्रतिभागी कवियों ने भाग लिया उनमें सर्व श्री अशोक चक्रधर, विनीत चौहान, सरिता शर्मा, सुदीप भोला, अरुण जेमिनी, कीर्ति काले, हरिओम पवार, रमेश मुस्कान, चिराग जैन मनीषा शुक्ला, दिनेश रघुवंशी मुमताज नसीम और डॉ. विष्णु सक्सेना ने। कवियों का ऐसा सकारात्मक संयुक्त प्रयास पहली बार हुआ, जो इतना वायरल हुआ कि एक दिन में तीन बार लौटकर मेरे ही पास आ गया। अनेक टीवी चैनल तथा सोशल मीडिया पर धूम मच गयी इस वीडियो की। मेरे ही पेज पर आज शाम तक 920 शेयर हो चुके हैं, 44000 लोग इस वीडियो को देख चुके हैं तथा 161000 लोग इस पोस्ट को पढ़ चुके हैं।

* अभी-अभी समाचार मिला है कि उड़ीसा सरकार ने सराहनीय ऐलान किया है कि कोरोना वारियस पत्रकारों की असामयिक मृत्यु होने पर उनके परिवार को 15 लाख की आर्थिक मदद मिलेगी।

28 अप्रैल 2020

* सुप्रभात।

* रात को अजानी और अकारण की चिंता से बहुत देर तक नींद नहीं आयी। आज पूरा शरीर टूट रहा है। आज तो सुबह की ग्रीन टीवी श्रीमती जी ने बनायी है। अनमने मन से व्यायाम किया वो भी इसलिए कि कहीं गैप न हो जाय। बहुत थकावट महसूस कर रहा हूँ।

* आज पूरे विश्व में 3025758 लोग कोरोना से संक्रमित पाये जा चुके हैं, 209002 लोगों की मृत्यु हो चुकी है तथा 893292 लोग सही इलाज से स्वस्थ भी हुए हैं। अकेले अमेरिका में अब तक 56000 लोग मर चुके हैं।

भारत में अब तक 29662 लोग कोरोना पॉजिटिव हो चुके हैं, 7174 लोग इलाज के बाद ठीक हो गये हैं तथा 940 लोगों की मृत्यु हो चुकी है। महाराष्ट्र में अभी तक सर्वाधिक 8590 लोग कोरोना पॉजिटिव मिल चुके हैं। उत्तर प्रदेश में 1986 केस अभी तक सामने आये हैं। मृतकों की संख्या 31 तथा उपचार के बाद ठीक होने वालों की संख्या 399 हो गयी है।

* रमजान माह शुरू होने के बाद से मुस्लिम समाज के लोगों में रोजे के दौरान कोरोना टेस्ट कराने को लेकर शंकाएँ थीं। दारुल उलूम ने सोमवार को फतवा जारी कर कोरोना टेस्ट कराने को जायज ठहराया। दारुल उलूम के मुफ्तीयों की खण्डपीठ ने फतवे में कहा कि कोरोना वायरस टेस्ट के लिए नाक और गले की रतूबत देना जायज है, इससे रोजे पर कोई फर्क नहीं पड़ेगा।

* चीनी रैपिड टेस्टिंग में खामी पाये जाने के बाद आईसीएमआर ने इससे कोरोना संक्रमित रोग की जाँच किये जाने पर रोक लगा दी है। राज्यों से इन्हें लौटाने को कहा गया है ताकि इन्हें चीन की फर्मों को वापस कर दिया जाये। राहत की बात यह है कि आपूर्ति करने वाले को अब तक कोई भुगतान नहीं किया गया। इसके साथ ही आईसीएमआर ने इस आरोप को भी नकार दिया कि चीनी कम्पनी से 600 रुपये प्रति किट खरीदने का फैसला गलत था।

* प्रधानमंत्री ने कहा कि आगे आने वाले समय में कॉलेज औद्योगिक उत्पादन के साथ-साथ e-marketing को छूट मिलेगी... लेकिन स्कूल कालेज लम्बे समय तक बंद रहेंगे। हवाई और रेल सेवा के साथ-साथ कोरोना रेड जोन एरिया, माल और सिनेमाघर भी अभी नहीं खुलने वाले। आखिरी निर्णय अंतिम दिन तक के नतीजे आने के बाद ही होगा।

* कोरोना जैसे खतरनाक वायरस से मुकाबले में भारत में तो मुख्य हैं ही अपितु भारतवंशी चिकित्सक अमेरिका में भी अग्रिम मोर्चे पर अहम भूमिका निभा रहे हैं। अमेरिका इस समय पूरी दुनिया में कोरोना से सबसे ज्यादा प्रभावित है। भारतीय मूल के चिकित्सकों के संगठन एएपीआई के अध्यक्ष डॉ0 सुरेश रेड्डी ने कोरोना वायरस के खिलाफ बहादुरी से जंग लड़ रहे हजारों भारतवंशी डॉक्टरों की तारिफ की। उन्होंने कहा अमेरिका में हर सातवाँ डॉक्टर भारतीय है और वह वायरस से इस जंग में अग्रिम मोर्चे पर खड़ा है। इस समय पूरी चिकित्सा बिरादरी सेना बन गयी है यह लड़ाई लम्बी चलेगी, एक दो महीने में खत्म होने वाली नहीं है।

<h1 style="text-align:center">29 अप्रैल 2020</h1>

* सुप्रभात।

✻ आज मन भी ठीक और तन भी ठीक। रमजान के कारण बाजारों में खरीदारी बढ़ गयी है लेकिन इसकी आड़ में कुछ अनावश्यक दुकानें भी खुलने लगी हैं। जितने लोग चतुर हैं, प्रशासन भी उतना ही मुस्तैद हो गया है। कल भी एक रेडीमेड विक्रेता की दुकान खुली थी; ग्राहक दुकान के अंदर थे। प्रशासन के आने की खबर से आनन-फानन में शटर डाल दिया गया। अब दुकानदार और ग्राहक दोनों दुकान के अंदर बंद और बाहर पुलिस। बहुत देर तक जब पुलिस नहीं गयी तो दुकानदार ने दुकान की पिछली छत से रस्सा नीचे लटकाकर ग्राहकों को उसके सहारे नीचे उतारकर बाहर निकाला। रस्से के द्वारा बाहर जाते हुए ग्राहक का किसी ने वीडियो बना लिया और आनन-फानन में वह वीडियो वायरल हो गया। वायरल होते ही प्रशासन एक्शन में आ गया और दुकानदार अजय वार्ष्णेय पुत्र सुरेश चंद वार्ष्णेय के खिलाफ धारा 188 एवं 269 के तहत एफ आई आर दर्ज कर दी।

✻ आज विश्व के कोरोना मानचित्र को देखें तो मिलेगा कि 3102685 कुल संक्रमित केस हो चुके हैं, 944067 लोग ठीक हो गये हैं तथा 214105 लोगों की मृत्यु हो चुकी है।

अमेरिका में अभी कोरोना मौतों से हाहाकार मचा हुआ है। वहाँ अब तक मरने वालों की संख्या 57601 हो गयी है।

भारत में भी अभी केस थमने का नाम नहीं ले रहे। आज भारत में 31490 कोरोना पॉजिटिव की संख्या हो गयी है, 7805 लोग ठीक हो गये हैं तथा 1008 लोगों की मृत्यु हो चुकी है। सबसे हॉट प्रान्त महाराष्ट्र में 9318 लोग संक्रमित हो चुके हैं। उत्तर प्रदेश में 2053 लोग संक्रमित पाए जा चुके हैं, 462 लोग इलाज से ठीक हो गये हैं तथा 34 लोगों की मृत्यु हो चुकी है। आगरा में संक्रमित रोगियों की संख्या 401 तक हो गयी है।

✻ कल से 'प्लाज्मा थेरेपी से कोविड-19 का इलाज सम्भव'- ऐसी खबरें आ रही थीं। इसलिए कुछ मुस्लिम धर्म के लोगों ने अपना प्लाज्मा दान करते हुए के समाचार और फोटो सोशल मीडिया पर वायरल किये। लेकिन मैं पिछले दिनों बता चुका हूँ कि प्लाज्मा थेरेपी 20 प्रतिशत ही सफल है, सौ प्रतिशत नहीं है, यह बड़े देशों के शोधों ने उन्होंने स्पष्ट भी किया है। आज भारत में इस थेरेपी पर ब्रेक भी लगा दिया है। आईसीएमआर के अनुसार बिना सोचे-समझे प्लाज्मा थेरेपी से कोरोना का इलाज मरीज के लिए घातक हो सकता है इसलिए इसके अंधाधुंध प्रयोग से बचने की सलाह दी है। आईसीएमआर ने यह भी कहा है कि

एक व्यक्ति का प्लाज्मा दूसरे व्यक्ति में प्राणघातक एलर्जी के लक्षण पैदा कर सकता है, इसके अलावा यह गैरकानूनी भी है।

* 12 लाख रैपिड एंटीबॉडी टेस्टिंग किट का चीन की एक कम्पनी से कांटेक्ट हुआ था, 6 लाख की पहली खेप को भारत ने जब से नकारा है तथा आगे इससे टेस्ट न किये जाने पर रोक लगायी है तब से चीन सरकार बौखला गयी है। आईसीएमआर ने सभी राज्यों को निर्देश दे दिया था कि इनका इस्तेमाल न करें। भारत के इस कदम पर नई दिल्ली स्थित चीन के दूतावास के प्रवक्ता ने तल्ख टिप्पणी करते हुए इस फैसले को चिंताजनक, पूर्वाग्रह से ग्रसित और अनुचित बताया है।

* आज पंजाब के मुख्यमंत्री ने 3 मई के लॉकडाउन के बाद 2 हफ्ते का लॉक डाउन और बढ़ाने की घोषणा कर दी है।

* आज सुप्रसिद्ध फिल्म अभिनेता इरफान खान की मौत से सम्पूर्ण कला जगत दुःखी है। इरफान को कैंसर था, लेकिन कैंसर वाली लड़ाई को तो उन्होंने जीत लिया था, पर उनकी आँतों में व्याप्त संक्रमण ने आज सुबह मुम्बई के एक अस्पताल में उनकी जान ले ली। आज टीवी के हर चैनल पर इरफान की मौत ने कोरोना को पीछे धकेल दिया है। किसी भी चैनल पर कोरोना की खबर छोटी हो गयी है।

* जब कोरोनावायरस निपट जायेगा या यह कहा जाय कि जिस सोशल डिस्टेंसिंग के कारण लॉकडाउन लगाया गया है उसकी अवधि समाप्त हो जाएगी तो इसके क्या साइड इफेक्ट होंगे, इसके बारे में सरल अवधी भाषा की राजेंद्र पण्डित की एक रचना देखें--

(लॉकडाउन के साइड इफ़ेक्ट)

सखी मोरा पिया गया बौराय।।

दिन मा सौवे, रात मा रोवै, ज़ोर-ज़ोर चिल्लाय।।

सखी मोरा..।।टेक।।

बेर-बेर चौका मा झाँकय, छिन-छिन खाना माँगय,

पहिनय पेंट उतारय पुनि-पुनि, फिर खूँटी मा टाँगय।

सौ-सौ बार हाथ का धोवय, दुइ सौ बार नहाय।।

सखी मोरा.........................।। टेक।।

रजनीगंधा का डिब्बा ऊ चवनप्राश अस चाटय,

खाली डिब्बा की खँगरावन चरनामृत अस बाँटय।

बैन किहिस जो पान मसाला, बस वहिका गरियाय।।

सखी मोरा ....।।टेक।।

मोबाइल से नयी-नयी डिश देख-देख के सीखय,

अइस स्वादु जो तनिक चीख ले बड़ी ज़ोर से चीखय।

मनई की को कहे, न गोरू हरहा तक वहु खाय।

सखी मोरा.........................।।टेक।।

- राजेन्द्र पण्डित, लखनऊ।

30 अप्रैल 2020

* सुप्रभात।

* अब लॉकडाउन इतना अभ्यास में आ गया है कि कुछ भी पैनिक नहीं लगता। ऐसा प्रतीत होता है कि जैसे यह भी हमारे दैनिक जीवन में शामिल हो गया है। शुरू के 2-4 दिन या यह कहें कि लॉकडाउन भाग 1 में ज़रूर ऐसा लगता था जैसे हम किसी जेल में डाल दिये गये हैं लेकिन अब घर ही अपना संसार नजर आने लगा है।

* भारत में सही समय पर लगा दिये गये लॉकडाउन के कारण कोरोना की रफ्तार कई राज्य रोकने में काफी सफल हो गये हैं। दिल्ली, महाराष्ट्र, गुजरात, बिहार और बंगाल जैसे राज्यों को छोड़ दें तो शेष भारत में कोरोना के हालात में तेजी से सुधार हुआ है। उत्तर प्रदेश में कोविड-19 के मरीजों की संख्या तो बढ़ी

है, लेकिन ठीक होने वाले मरीजों की संख्या को निकाल दें तो एक्टिव मरीजों की संख्या में बढ़ोत्तरी की दर थमने लगी है। यहाँ 15 अप्रैल को देश में कुल 170 जिले रेड जोन में थे, अब उनकी संख्या सिकुड़कर 129 हो गयी है। इसी प्रकार नये मरीज मिलने से ग्रीन जोन जिलों की संख्या 325 से घटकर 307 हो गयी है जबकि ऑरेंज जोन वाले जिलों की संख्या 207 से बढ़कर 297 पहुँच गयी है। स्वास्थ्य मंत्रालय के अनुसार भारत में ठीक होने वाले मरीजों का प्रतिशत लगभग 24 फीसदी हो गया है। जहाँ संक्रमितों की संख्या लॉकडाउन से पहले 3 से 3.25 दिन में दोगुनी हो रही थी वहीं अब 10.2 से लेकर 10.9 दिन में दोगुनी हो रही है।

आज अगर विश्व के मानचित्र पर नजर डालें तो जो देश कोविड-19 से पीड़ित हैं उन सभी देशों में 3188694 कुल संक्रमित रोगी हो चुके हैं, 225529 लोगों की मृत्यु हो चुकी है तथा 98646 लोग स्वस्थ हो चुके हैं।

अमेरिका में मौतों का आँकड़ा 7495 तक पहुँच गया है।

भारत में अब तक कोविड-19 के कुल संक्रमित केस 33277 हो गये हैं, 8497 लोग ठीक हो गये हैं तथा मरने वालों की संख्या 1081 हो चुकी है। महाराष्ट्र में अभी भी सर्वाधिक केस 9915 हैं। उत्तर प्रदेश में अब तक मरीजों की संख्या 2134 हो गयी है, 510 लोग ठीक हो गये हैं तथा 39 लोगों की मौत हो चुकी है। आगरा में अब संख्या बढ़कर 430 पहुँच गयी है।

* कल अभिनेता इरफान तो आज अभिनेता ऋषि कपूर ने अपने चाहने वालों से आँखें मूँद लीं। ऋषि कपूर को भी कैंसर था। मेरा नाम जोकर से अपना कैरियर शुरू करने वाले इस प्यारे अभिनेता ने न जाने कितनी सुपरहिट फिल्मों में अभिनय किया। राजकपूर के सबसे प्रतिभावान बेटे ऋषि कपूर के जाने से समस्त कला जगत स्तब्ध है। आज सुबह से ही टेलीविजन के हर चैनल पर ऋषि कपूर की यादों के अलावा कुछ दिखाया ही नहीं जा रहा। आज फिर कोरोना हार गया।

* लॉकडाउन के बाद से लाखों लोग दूसरे राज्य में फँसे हैं इन्हें अपने घर लाने की लगातार माँग हो रही थी। लॉकडाउन खुलने के बाद अचानक ऐसे लोगों की भीड़ खड़ी होने की भी आशंका है, ऐसे में सरकार ने 4 दिन पहले से ही इस दिशा में कदम बढ़ा दिया है ताकि आखिरी क्षणों में अफरा-तफरी का सामना नहीं करना पड़े।

* लॉकडाउन खुलने के बाद ट्रेनों के सम्भावित संचालन को लेकर रेलवे पूरी

तरह से तैयार है। इससे पहले पटरियों की मरम्मत से लेकर अन्य सभी खामियों को दूर करने का काम पूरा कर लिया गया है। 3 मई के बाद या लॉकडाउन के बाद यह निर्णय सरकार को लेना है कि ट्रेनों का संचालन होगा या नहीं। लेकिन संकेत मिला है कि पहले शताब्दी और राजधानी एक्सप्रेस गाड़ियों का ही संचालन सम्भव होगा। पैसेंजर ट्रेन चलाने से भीड़भाड़ में शारीरिक दूरी का पालन कराना बड़ी चुनौती होगा।

* कोरोना युद्धवीरों के ऊपर हमले अभी थम नहीं रहे। परसों पश्चिम बंगाल के हावड़ा शहर में और कल कानपुर में स्वास्थ्य और पुलिसकर्मियों पर फिर पथराव हुआ, इसलिए योगी सरकार ने इन हमलावरों से सख्ती से निपटने के लिए कमर कस ली है। इसके लिए एपिडेमिक डिजीज एक्ट 1897 में संशोधन कर जल्दी ही अध्यादेश लाने का निर्णय लिया है।

* लोग कह रहे हैं कि कोरोना काल में मुसीबत ही मुसीबत है, कुछ भी अच्छा नहीं हो रहा, हर तरफ नकारात्मकता की खबरें आ रही हैं; ऐसे में मैंने इन दिनों का सबसे अधिक भावुक और सकारात्मकता का गीत पढ़ा उन्नाव के स्वयं श्रीवास्तव का... आप भी पढ़िए-

यह समय सबके हिस्से का वनवास है
बस ग़नीमत लखन-उर्मिला पास हैं

हम सभी सब से नज़रें चुराते हुए
इस तरह खुद को, घर को बचाते हुए
एक उम्मीद का गीत गाते हुए
आँख भर आ रही यह बताते हुए

इसमें गलती है या ये अनायास है
या ये मरने में जीने का अभ्यास है
एक अंजाना कल सबको भय दे रहा
यह गवाही सभी का हृदय दे रहा
वो कहाँ हैं जो दुनिया को लय दे रहा
एक माँ खुश है बेटा समय दे रहा

जीत जायेंगे मन में ये विश्वास है

युद्ध लम्बा खिंचेगा ये आभास है

इन दिनों सबके होठों को पानी मिले
और हमें जीतने की कहानी मिले
मरते लोगों को कुछ जिंदगानी मिले
घर के बच्चों को सुंदर जवानी मिले

कुछ दिनों बाद सब कुछ ये इतिहास है
तृप्ति छोटी क्या अब भी बड़ी प्यास है

- स्वयं श्रीवास्तव

1 मई 2020

*   सुप्रभात।

5 अँगली से उठा लेता है अपने 10 गिलास

6 बरस का इस नगर में ऐसा जादूगर जो है।

तन पर कपड़े पेट में रोटी नहीं तो क्या हुआ

शहर के सबसे बड़े ढाबे पर वह नौकर तो है। -जमुना प्रसाद उपाध्याय

*   आज 'मजदूर दिवस' है। उन तमाम मजदूरों को प्रणाम जो अपने गाँव की मिट्टी को छोड़कर दूसरे शहरों की खाक छान रहे हैं। कोरोना के कहर के चलते कारखानों के बंद हो जाने पर मकान मालिकों के द्वारा घर से निकाल देने के बाद पैदल ही अपने सामान, बच्चों और परिवार के साथ सुदूर शहरों को पलायन कर देने वाले सभी मजदूरों को प्रणाम; बॉर्डर सील होने के बाद जहाँ के तहाँ रुक जाने वाले और सरकारी सहायता से अपना पेट भर कर गुजारा करने वाले तमाम कामगारों को प्रणाम। कोरोना भगाने में सरकार के हर नियम-कानून को चुपचाप मानने तथा उसमें पूरा सहयोग करने वाले सभी श्रमिक नागरिकों का वंदन करता हूँ।

*   अन्य राज्यों में फँसे हुए सभी मजदूरों को निकालने के लिए सभी राज्यों ने प्रक्रिया आरम्भ कर दी है। उत्तर प्रदेश के मुख्यमंत्री ने कहा है कि कोई भी श्रमिक पैदल यात्रा न करें, मध्य प्रदेश से 100 बसें मजदूरों को उत्तर प्रदेश छोड़ेंगी। हरियाणा से 12000 श्रमिकों को सकुशल पहले ही लाया चुका है। लम्बी दूरी के लिए केंद्र सरकार जो भी व्यवस्था करेगी, उसका इस्तेमाल किया जायेगा। रास्ते में खाने की व्यवस्था राज्यों के आपसी समन्वय से होगी। लम्बी दूरी में ठहराव आदि को लेकर पूरी कार्य योजना बन रही है।

*   केंद्रीय स्वास्थ्य मंत्री ने कहा है कि इस महामारी के खिलाफ जंग में भारत अन्य देशों के मुकाबले बेहतर प्रदर्शन कर रहा है। अब कुल मरीजों में स्वस्थ होने वालों का अनुपात 25.19% पहुँच गया है जो 14 दिन पहले से दोगुना है, 14 दिन पहले यह 13.06% थी यह बहुत ही सकारात्मक संकेत है।

*   आज विश्व कोरोना मानचित्र देखें तो अब तक कुल संक्रमित लोगों की संख्या 32 72102 हो गयी है, 231321 लोगों की मौत हो चुकी है तथा 1031502 लोग स्वस्थ हो चुके हैं। अमेरिका में मरने वालों की संख्या बढ़कर 62380 हो गयी है।

भारत में अब तक संक्रमित मरीजों की संख्या 34948 हो चुकी है, 1157 लोगों की मौत हो चुकी है तथा 9095 लोग स्वस्थ हो चुके हैं। महाराष्ट्र में संक्रमित रोगियों की संख्या 10498 पहुँच चुकी है जो पूरे भारत में सर्वाधिक है। उत्तर प्रदेश में अब तक संक्रमित रोगियों की संख्या 2211 है, 40 लोग मर चुके हैं तथा 551 लोग स्वस्थ हो चुके हैं। आगरा अभी भी पूरे प्रदेश में सबसे ऊपर है, यहाँ 468 कुल संक्रमितों की संख्या हो चुकी है तथा कानपुर 210 संख्या के साथ दूसरे नम्बर पर आ गया है।

*   आज हिंदी के वरिष्ठ एवं सुप्रसिद्ध कवि श्री बुद्धिनाथ मिश्र जी का जन्मदिन है। सोचा अवसर भी अच्छा है... बधाई भी दे दूँगा और अपने मतलब की बात भी कर लूँगा। दोनों नम्बर मिलाये लेकिन उठे नहीं। 10 मिनट बाद पलटकर फोन आ गया। मैंने नमस्कार किया, जन्मदिन की बधाई दी। वह बहुत खुश हुए... फिर थोड़ी देर परिवार की कुशलक्षेम जानी।

मैंने पूछा दादा आप तो हम कवियों के यायावरी कवि हो, हर समय घूमते रहते हो, अब तो लॉकडाउन है, घर में रहकर कैसे व्यतीत करते हैं अपना समय?

इस पर बोले- ''विष्णु, मेरे पास पठन-पाठन-लेखन का इतना काम है कि

मुझे पता ही नहीं चल पाता कि समय कब निकल गया। इस समय मैं हिंदी के गौरव के लिए काम कर रहा हूँ। पहले यात्राओं में रहता था तो जीवन बहुत अनियमित हो गया था; अब सब नियमित हो गया है। सुबह उठकर प्राणायाम करने लगा हूँ, उसके बाद 40 मिनट की योगनिद्रा करता हूँ, इससे मन को बहुत शांति मिलती है। यह करते-करते मुझे 9:00 बज जाते हैं... फिर नहाना और 10:00 बजे तक नाश्ता कर लेता हूँ। नाश्ते में अंकुरित धान्य ही लेता हूँ, चाहे वह मूँग हो या चना। इसके बाद पढ़ने-लिखने के लिए बैठ जाता हूँ। संयोग से मेरी लाइब्रेरी बहुत बड़ी है तो रोज कोई सी पाँच किताबें निकालकर बैठ जाता हूँ उनका अध्ययन करता हूँ, जो नोट करने लायक चीजें हैं उन्हें कागज पर नोट कर लेता हूँ। फिर लंच करता हूँ। इसके बाद मेरे मेल में या इधर-उधर जो गीत बिखरे पड़े हैं उन्हें एकत्र करके एक जगह कर लिया है, इस तरह गीतों का एक संकलन ही तैयार हो गया है। किसी पुराने गीतकार का एक गीत अपनी टिप्पणी के साथ फेसबुक पर रोज डालता हूँ। जो पाठ्यक्रम में परम्परागत रूप में कविताएँ चली आ रही हैं उनके खिलाफ एक शोधपरक काम इन दिनों कर रहा हूँ। कभी भी एकेडमिक दुनिया ने कवि सम्मेलन की दुनिया को गम्भीरता से लिया ही नहीं... इन दिनों इसी दिशा में काम कर रहा हूँ। एक किताब वाचिक परम्परा पर तैयार हो रही है; यह बहुत शोधपरक कार्य है। इसमें मेरा मानना है कि पाठ्यक्रम में छंद पर आधारित कविताएँ शामिल की जायँ क्योंकि कविताओं का मूलाधार छंद ही है। 400-500 पेज का यह काम मेरी दृष्टि में बहुत बड़ा काम है। जब यह काम कर लेता हूँ तो रात 11:00 बजे तक कोई थकान महसूस नहीं होती, क्योंकि मेरे मन का काम हो रहा है। फिर शाम 5:00 बजे चाय पीता हूँ। तभी मेरी पोती आ जाती है, उसके साथ खेलता हूँ और चलते-फिरते टीवी पर ताजा हालात देख लेता हूँ। 6:00 बजे उसके साथ गली में ही घूमने चला जाता हूँ... इसी तरह से समय कट जाता है। पत्नी लॉकडाउन से पहले ही कोलकाता बड़ी बेटी के पास चली गयी थीं तो इस समय में बेफिक्र बिना दबाव के अपना काम कर रहा हूँ। कोई खाने पीने का आग्रह नहीं है; जितना मन होता है उतना खाता हूँ और अपने मन से काम करता रहता हूँ। अगर एक तरह से देखा जाय तो यह लॉकडाउन मेरे लिए वरदान साबित हो रहा है।

मैंने उन्हें जन्मदिन की बधाई दी और वार्तालाप को विराम दे दिया।

*   आज मनीषा शुक्ला का श्रमिक दिवस पर एक शानदार गीत पढ़िए-

सौंप कर सारे उजाले भूख के अंधे कुएँ को
फिर थका सूरज गया बाज़ार में रोटी कमाने

रौशनी की सब किताबें खा गयी बेरोज़गारी
डिग्रियों पर पड़ रही है भूख की तालीम भारी
ज़िंदगी का सब अँधेरा पढ़ नहीं पाया सवेरा
जेब पर बढ़ने लगी है अब ज़रूरत की उधारी

हार कर संसार से कोई अभागा दीप नभ का
फिर गया है जुगनुओं की चाकरी में गीत गाने

भाग्य में होता अगर तो माँग संध्या की सजाता
या किसी सूरजमुखी की लाज का घूँघट उठाता

खेत को दुल्हन बनाता, क्यारियों की गोद भरता
या गुलाबों के अधर से ओस के मोती चुराता

चोट खाकर जब हथेली से हुई गुम प्रेम रेखा
वह पसीने से चला तब भाग्य की रेखा मिटाने

रात तक केवल पहुँचने के लिए अब चल रहा है
भूल बैठा है दमकना, आज केवल जल रहा है

चाँद-तारों की ज़मानत दे रहा था जो अभी तक
नियति से होकर पराजित दिन-दहाड़े ढल रहा है

वह कि जिसके भाग्य में था अर्घ्य का पावन चढ़ावा
मंदिरों में जा रहा है आँसुओं का मोल पाने

- मनीषा शुक्ला

2 मई 2020

* सुप्रभात।

* रात को बादल खूब गरजे हैं, लेकिन बारिश नही हुई। कुछ ऐसी ही घोषणा गृह मंत्रालय की हुई है कि लॉकडाउन का तीसरा चरण और चलेगा। 14 दिन की वृद्धि करके यह 17 मई तक कर दिया गया है।

* पूरे भारत के 733 जिलों को रेड जोन, ऑरेंज जोन, ग्रीन जोन में विभाजित कर दिया गया है। रेड जोन के जिलों में कोई छूट नहीं दी गयी है। वहाँ पूरी कड़ाई से पालन करने वाला लॉकडाउन होगा। ग्रीन तथा ऑरेंज जोन में कंटेनमेंट एरिया और उसके चारों ओर बफर जोन को छोड़कर बाकी क्षेत्रों में नाई की दुकान, शराब की दुकान, पान-गुटखा और तम्बाकू की दुकान भी खोलने की अनुमति मिलेगी। हालाँकि पूरे देश में हवाई, ट्रेन, मेट्रो और अंतरराज्यीय बस सेवा, मॉल, सिनेमाघर इत्यादि बंद रहेंगे।

733 जिलों में 130 को रेड जोन में, 284 को ऑरेंज ओन में तथा 319 को ग्रीन जोन में रखा गया है।

ग्रीन जोन में उन्हीं को रखा है जिनमें पिछले 21 दिनों में कोई करोना पॉजिटिव नहीं आया हो।

ऑरेंज जोन में जो राहत मिलेगी वह यह है कि एक सवारी बैठाकर ओला उबर जैसी टैक्सी सेवा को अनुमति है; बाइक पर पीछे बिठाने की इजाजत, लोगों को एक से दूसरे जिले में जाने-आने की अनुमति होगी।

ग्रीन जोन में छूट ही छूट है... राष्ट्रीय स्तर के प्रतिबंधों के अलावा कोई प्रतिबंध नहीं होगा, सभी तरह की आर्थिक गतिविधियों पर पूरी तरह छूट होगी। 50% सवारी के साथ बसें चलाने की अनुमति है। सभी तरह की दुकानें खुलेंगी।

रेड जोन में कार में ड्राइवर के अलावा दो ही लोग बैठ सकते हैं। बाइक पर सिर्फ एक ही व्यक्ति बैठेगा। जरूरी सामान, दवाओं व उनके लिए सामान बनाने वाली गाड़ियाँ तथा हार्डवेयर की इकाइयों को छूट, पैकेजिंग उद्योग के मजदूरों को दूरी बनाये रखते हुए काम करने की छूट होगी। प्रिंट, इलेक्ट्रॉनिक मीडिया, आईटी सेवाओं, कॉल सेंटर, कोल्ड स्टोरेज, वेयरहाउस, निजी सुरक्षा गार्ड को

काम करने की छूट होगी।

*   इस तरह से अगले 2 हफ्ते खुला खुला सा होगा। अगला लॉकडाउन-
03। व्यंग्य कवि माणिक वर्मा का एक व्यंग्य बिलकुल इन्हीं स्थितियों पर सटीक
बैठता है--

भारत बंद के दौरान

एक आदमी सिर्फ

चड्डी पहनकर सड़क पर आया

लोगों ने पूछा तो

उसने कारण बताया कि

अपना विरोध और समर्थन मिला-जुला है,

बंद समझो तो बंद, खुला समझो तो खुला है।

*   लॉकडाउन के अंतराल में पिछले दिनों घरेलू नुस्खों का भी खूब जोर रहा
नींबू-संतरा का सेवन, दूध में हल्दी मिलाकर पीना, गिलोय का काढ़ा इत्यादि।
पिछले चार-पाँच दिनों में तो मध्य प्रदेश सरकार तथा राजस्थान सरकार के
आयुष विभाग ने एक काढ़ा भी तैयार किया और लोगों को बाँटना शुरू कर दिया
है। आयुर्वेदिक डॉक्टर्स ने दावा किया है कि यह काढ़ा रोग प्रतिरोधक क्षमता
बढ़ाने में अत्यंत सहायक है।

अभी एक दावा और सामने आया है कि शरीर के वजन के अनुसार नीम
की गोली खाने से कोरोना को मात दी जा सकती है। यह दावा किया है कानपुर
के रसायन शास्त्र के प्रवक्ता श्री अवनीश मेहरोत्रा ने। मुख्यमंत्री योगी को भेजे गये
पत्र में वह कहते हैं कि नीम की पत्ती में एन आई एम 76 एंजाइम होता है।
कोरोना में मौजूद पीयर्ड बेसिक अमीनों एसिड क्लाइंबिंग एंजाइम (पेस) पर
बहुत प्रभावी है। दरअस्ल कोरोना वायरस शरीर के अंदर आने पर सबसे पहले
छोटी आँत के पास मिलने वाले फ्यूरिन एंजाइम के साथ क्रिया करता है और
उसके स्पाइक (नुकीले भाग) तैरने लगते हैं जो ए1, ए2 प्रोटीन से बने होते हैं,
नीम में मौजूद एन आई एम 76 एंजाइम शरीर के अन्य एंजाइम्स से मिलकर
आयनिक बाण्ड बनाकर इसके प्रभाव को खत्म कर देता है।

*   लॉकडाउन के कारण वाहनों का प्रदूषण कम हुआ है। बरेली के आसपास
के मेरे मित्र फोन पर बताते हैं कि बहेड़ी कस्बे से नैनीताल 85 किलोमीटर है,
आसमान साफ होने के कारण अब यहाँ से नैनीताल की पहाड़ियाँ दिखायी देने
लगी हैं। वह बताते हैं कि करीब 20 साल बाद ऐसा नजारा दोबारा दिखायी दिया

है।

* कितनी सुखद बात है कि स्पीच ऑफ डिफेंस स्टाफ जनरल विपिन रावत ने तीनों सेनाओं के प्रमुखों के साथ एक प्रेस कॉन्फ्रेंस में बताया कि 3 मई (कल) कोरोना के खिलाफ अग्रिम मोर्चे पर संक्रमित लोगों की मदद कर रहे डॉक्टर, नर्स, सफाईकर्मी, पुलिसकर्मी तथा मीडियाकर्मी के सम्मान में वायु सेना के फाइटर विमान उत्तर में श्रीनगर से दक्षिण में तिरुअनंतपुरम् तथा पूर्व में डिब्रूगढ़ से पश्चिम में कच्छ तक कवर करके देश के सभी कोविड-अस्पतालों पर फूल बरसाएँगे, नौसेना सभी समुद्री तटों पर शाम को जहाजों पर रौशनी करेंगे तथा थल सेना सभी अस्पतालों के बाहर संगीत की धुनों से कोरोना योद्धाओं का सम्मान व आगे भी लड़ने के लिए प्रेरित करेंगे।

* आज अगर विश्व के कोरोना मानचित्र को देखें तो मालूम होता है कि पूरी दुनिया में अब तक 3365052 लोग संक्रमित हो चुके हैं, 237720 लोगों की मौत हो गयी है तथा 1069801 लोग स्वस्थ गये हैं। अमेरिका में अब मौतों की संख्या बढ़कर 64914 पहुँच गयी है।

भारत में आज शाम 6:00 बजे तक कुल संक्रमित मरीजों की संख्या 37654 हो गयी है, 10106 लोग स्वस्थ हो गये हैं तथा 1230 लोगों की मृत्यु हो चुकी है। महाराष्ट्र अभी भी 11506 रोगियों के साथ सबसे ऊपर चल रहा है, लेकिन उत्तर प्रदेश में रफ्तार में कमी आयी है, यहाँ अब तक 2328 लोग संक्रमित मिल चुके हैं। 654 लोग ठीक हो गये हैं तथा 42 लोगों की मृत्यु हुई है। आगरा में सर्वाधिक मरीजों की संख्या बढ़कर 497 हो गयी है।

लड़ाई तभी जीती जा सकती है जब सरकार के साथ समाज भी कंधे से कंधा मिलाकर के सहयोग करे। मध्यप्रदेश में गुना के पास राघोगढ़ की 7 बेटियों (दीप्ति शरण, काजल सेलर, शालू जाटव, कीर्ति केवट, सिमरन जाटव, पूनम शर्मा, और महिमा सिंह) ने थाने जाकर जनसेवा की इच्छा जाहिर की। यह सभी बीटेक और बीएससी की छात्राएँ हैं। ये रोज 8 घण्टे पुलिस के साथ कदमताल कर ड्यूटी कर रही हैं। हाथ में डण्डे थामे चौराहों, राशन की दुकानों और भीड़भाड़ की जगहों पर डटी रहती हैं, बिना मास्क लगाए तथा सोशल डिस्टेंस का पालन न करने वालों को उनकी जिम्मेदारी का एहसास कराती रहती है।

3 मई 2020

* सुप्रभात।

* आज सुबह से ही कोरोना योद्धाओं में उत्साह भर देने की खबरें आ रही हैं। वायु सेना, जल सेना और थल सेना तीनों ही अपने-अपने स्तर से कोरोनावीरों को प्रोत्साहित कर रहे हैं... कहीं कोविड-19 अस्पतालों पर हेलीकॉप्टर से पुष्प वर्षा हो रही है तो कहीं अस्पतालों के बाहर बैंड पर धुनें बजायी जा रही हैं। आज यह पहला अवसर है कि स्वास्थ्य कर्मियों, पुलिसकर्मियों, सफाई कर्मियों, तथा मीडिया कर्मियों को सेना इस तरह से सम्मान दे रही है

* आज कोरोना मीटर पर नजर डालें तो दुनिया में अब तक 3449 884 लोग संक्रमित पाये जा चुके हैं, 242881 की मृत्यु हो चुकी है तथा 1102420 लोग ठीक हो गये हैं। अमेरिका में मौतों का आँकड़ा 66620 तक पहुँच गया है। भारत में दोपहर 12:00 बजे तक 39879 संक्रमित लोग पाये जा चुके हैं, 10842 लोग स्वस्थ हो गये हैं तथा 1330 लोगों की मृत्यु हो चुकी है। महाराष्ट्र में कुल संक्रमितों की संख्या 12296 हो गयी है। उत्तर प्रदेश में संक्रमण कुल 2487 लोगों में फैल चुका है, 698 लोग स्वस्थ हो गये हैं तथा 43 लोग मर चुके हैं। आगरा में संख्या बढ़कर अब 536 हो गयी है।

* जैसे-जैसे समय आगे बढ़ रहा है, बीते दिनों की काली छाया कम हो रही है... उजालों की मात्रा बढ़ती जा रही है। जो शराब की दुकानें पिछले 40 दिनों से बंद थीं, अब वह तीनों जोनों में खोलने की छूट मिल गयी है। कल से शराबियों के चेहरे पर रौनक की वापसी हो जायेगी।

* अच्छा-भला हमारा हाथरस जिला ग्रीन जोन में जा रहा था, लेकिन पिछले 3 दिनों में 3 केस कोरोना वायरस के आने के कारण वह ऑरेंज जोन में चला गया। लोगों के चेहरों पर मायूसी छा गयी है। लेकिन अलीगढ़ मण्डल में, जिसमें हाथरस, एटा तथा कासगंज जिला आता है, वहाँ छोटी-बड़ी 2414 औद्योगिक इकाइयाँ खुलना शुरू हो गयी हैं।

* उन मजदूरों के चेहरों पर भी रौनक लौटने लगी है जो अब तक अन्य राज्यों में अकेलेपन की ज़िंदगी जी रहे थे। कल से उनके लिए विशेष श्रमिक ट्रेनें चलायी गयी हैं और वह उन में बैठकर अपने अपने घरों को वापस लौट रहे हैं।

योगी सरकार ने तो दूसरे राज्यों से लौटकर उत्तर प्रदेश लाये जा रहे श्रमिकों के स्वास्थ्य के साथ ही रोजगार का खाका तैयार कर लिया है। उन्होंने कहा है कि हर श्रमिक को उसकी दक्षता के अनुसार रोजगार दिया जायेगा।

* आज विश्व हास्य दिवस है, इसलिए एक टिप्पणी देखिए--

शराब की दुकानें इसलिए खुलवायी जा रही हैं क्योंकि

आरबीआई गवर्नर ने कहा है

दो से तीन क्वार्टर में

अर्थव्यवस्था पटरी पर आ जायेगी।

* इस अवसर पर पद्मश्री सुरेंद्र शर्मा जी की कुछ पंक्तियाँ भी देखिए--
ओशो कहते हैं
जब आप हँसते हैं
तो ईश्वर की प्रार्थना कर रहे होते हैं
पर मैं कहता हूँ जब आप किसी को हँसाते हैं
तो ईश्वर आपके लिए प्रार्थना करता है
हास्य दिवस को
इस तरह मनायें
हँसने से ज्यादा किसी को हँसाना जरूरी है
इस सूत्र वाक्य को समझाएँ
और ईश्वर को अपने लिए प्रार्थना करने के
काम में लगायें।

लॉकडाउन का रोज़नामचा

लॉकडाउन

3

04 मई 2020

* सुप्रभात।

* आज से लॉकडाउन का तीसरा चरण शुरू हो गया। इसमें धर्मस्थल पहले की तरह बंद रहेंगे, स्कूल कॉलेज भी बंद रहेंगे। रेड जोन को छोड़कर कुछ पाबंदियों के साथ औद्योगिक-व्यावसायिक गतिविधियाँ आज से शुरू हो जायेंगी। शराब की दुकानें खुलने की छूट हो गयी है। अनेक प्रान्तों में शराब की दुकानों पर बहुत लम्बी-लम्बी लाइनें लगी हुई टीवी पर दिखायी जा रही है। अनुमान लगाया जा सकता है कि शराब के बिना लोग कितने परेशान थे।

* आज सुबह 11:00 का विश्व कोरोना मीटर देखें तो पता चलेगा कि पूरे विश्व में कोरोना पॉजिटिव के कुल केस 3566330 हो गये हैं, 248286 लोगों की मृत्यु हो गयी है तथा 1154072 लोग ठीक हो गये हैं।

भारत में 42670 कोरोना संक्रमित पाये जा चुके हैं, 1395 लोगों की मृत्यु हो चुकी है तथा 11755 लोग ठीक हो गये हैं। भारत में महाराष्ट्र की सर्वाधिक संख्या 12974 हो चुकी है। उत्तर प्रदेश में कुल संक्रमित केस 2695 हो चुके हैं, 43 लोगों की मौत हो चुकी है तथा 754 लोग स्वस्थ हो गये हैं। आगरा में अब संक्रमितों की संख्या बढ़कर 596 हो चुकी है।

* कल रात को हाथरस शहर को छोड़कर उसमें आने वाली सभी तहसीलों और कस्बों को ग्रीन जोन का दर्जा दे दिया गया है इसलिए शासनादेश के अनुसार आज प्रातः 10:00 बजे से शाम 6:00 बजे तक सभी दुकानें खुल रही हैं। इस अच्छी खबर से हाथरस जिले के समस्त निवासियों और व्यवसायियों के चेहरों पर रौनक आ गयी है।

* आज पूरे दिन पूरे देश में सोशल डिस्टेंस की धज्जियाँ उड़ गयी, चाहे वह गुजरात में हो या आसाम में, दिल्ली में हो या उत्तर प्रदेश में। ये करिश्मा सभी जगह शराब के क्रेताओं ने किया। ग़ाज़ियाबाद में तो जिलाधिकारी ने अपने आदेश को निरस्त कर तुरंत सारी दुकानें बंद करवा दी, ऐसा ही कुछ दिल्ली में भी देखने को मिला। गुजरात के सूरत शहर में मजदूरों ने पुलिस पर ही धावा बोल दिया, फिर भीड़ नियंत्रण करने के लिए पुलिस को आँसू गैस के गोले छोड़ने पड़े। हमारे देश के नागरिकों को समझना पड़ेगा वरना पूरा देश बड़ी

मुसीबत में पड़ जायेगा। मजदूरों को ट्रेन द्वारा भेजा जा रहा है। सभी लोग एक साथ नहीं जा सकते... इतना सब्र किया है तो थोड़ा और सब्र कर लीजिए। इसी प्रकार शराब खरीदने वालों को धैर्य का परिचय देना चाहिए। अब तो रोज़ दुकानें खुलेंगी, अगर आज नहीं मिली तो कल मिल जायेगी अगर इसी तरह करते रहेंगे तो जो छूट सरकार दे रही है फिर से बंद कर देगी और हमें फिर से घरों में बंद हो जाना पड़ेगा। इसी प्रकार अगर सरकार भी थोड़ा सब्र कर लेती तो शायद स्थिति सम्भल सकती थी।

एक टिप्पणी-

शराब की खुली दुकानों का हाल देखकर लग रहा है कि सरकार थोड़ी और तैयारी करके चार्ज लेकर होम डिलीवरी का इंतजाम करवाने पर ध्यान देती तो कई लोगों को रोजगार भी मिल जाता और लॉकडाउन की धज्जियाँ भी न उड़तीं।
-वेद प्रकाश

एक मजेदार टिप्पणी और -

45 दिन शराब न पीकर जनता ने बता दिया कि वह बिना शराब के जिंदा रह सकती है; लेकिन ठेके खोलकर सरकार ने बता दिया कि शराब के बिना सरकार मर जायेगी - अज्ञात

05 मई 2020

*   सुप्रभात

*   'शराब ने सब किया खराब'

*   लॉकडाउन-3 के पहले दिन सोशल डिस्टेंस की ऐसी धज्जियाँ उड़ी हैं कि वर्णन करना मुश्किल है। पुलिस ने भी बहुत सख़्ती नहीं दिखायी। कल ही कल में अलीगढ़ में 18 करोड़ रूपये की और हाथरस में 91 लाख की शराब की बिक्री हो गयी। अधिकतर दुकानों का स्टॉक खत्म हो गया। यह तो हालत तब है जब उत्तर प्रदेश की 25000 शराब की दुकानों में अट्ठारह सौ दुकानें बंद रहीं।

पंजाब, हरियाणा, झारखंड, जम्मू कश्मीर और केरल में शराब की समस्त दुकानें बंद रहीं। अव्यवस्था फैलने के कारण कई राज्यों में दोपहर में भी दुकानें बंद करवानी पड़ीं।

* आज सुबह 11:30 बजे का विश्व में कोरोना प्रदर्शन अगर देखें तो मालूम होगा कि विश्व में 3646211 लोग संक्रमित पाये जा चुके हैं, 252407 लोगों की मौत हो चुकी है तथा 1200170 लोग स्वस्थ हो चुके हैं। भारत में अब तक कुल संक्रमितों की संख्या 40474 हो गयी है, 1571 लोगों की मौत हो चुकी है तथा 12849 दोस्त स्वस्थ हो गये हैं। महाराष्ट्र में संख्या तेजी से बढ़ रही है और 14541 तक पहुँच गयी है। उत्तर प्रदेश में अब तक 2766 लोग संक्रमित पाये गये हैं, 50 लोगों की मौत हो चुकी है तथा 802 लोग स्वस्थ हो गये हैं। आगरा में संक्रमितों की संख्या बढ़कर 628 हो गयी है। पिछले 24 घण्टे में भारत में रिकॉर्ड 3900 संक्रमित हैं तथा रिकॉर्ड 190 लोगों की मृत्यु हो चुकी है।

* नेशनल इंस्टीट्यूट ऑफ एनिमल बायोटेक्नोलॉजी हैदराबाद की शोधकर्ता टीम तथा यहाँ की डीन, अलीगढ़ निवासी डॉ. सोनू गाँधी ने बताया कि एक ऐसी मशीन बनायी गयी है जिस पर लार का नमूना रखते ही मशीन 30 सेकंड में परिणाम दे देती है। दरअस्ल यह इलेक्ट्रोकेमिकल डिवाइस कोरोनावायरस के रैपिड डिटेक्शन के लिए है, जो जाँच के दौरान एंटीजन एंटीबॉडी के बीच होने वाली प्रतिक्रिया और फलस्वरूप उत्पन्न इलेक्ट्रिक चार्ज के प्रवाह पर आधारित है। लैब टेस्टिंग में यह मानक पर खरी उतरी है। अमेरिका में बनी ऐसी ही मशीन परिणाम देने में 5 मिनट लेती है, जिसकी तुलना में हमारी यह मशीन काफी तेज है।

* कहा जा रहा है कि 8 मई से ग्रीन जोन में 33 प्रतिशत स्टाफ और ऑरेंज जोन में 10 प्रतिशत स्टाफ के साथ जिला न्यायालय खोलने का आदेश हो गया है। रेड जोन में यह नहीं खुलेंगे... अगर कोई अति आवश्यक बेल है तो जिला न्यायाधीश वीडियो कॉन्फ्रेंसिंग से उस बेल को सुन सकते हैं।

* आज दिल्ली के मुख्यमंत्री ने शराब की बिक्री पर 70 प्रतिशत दाम बढ़ा दिये और पेट्रोल और डीजल पर भी दाम बढ़ाकर अपना गुस्सा जाहिर कर दिया।

* भाई वेद प्रकाश की एक टिप्पणी देखें-देश पहले तबलीगी जमात से

परेशान था, अब तलब लगी जमात से परेशान रहेगा।

06 मई 2020

* सुप्रभात।

* आज एक ऐसी सूचना आयी जिसे पढ़कर बहुत आश्चर्य हुआ। उत्तराखंड के नैनीताल में तो लोग शराब के लिए ओलावृष्टि में भी लम्बी-लम्बी कतार में खड़े दिखे। नैनीताल के माल रोड का यह दृश्य बहुत अद्भुत था।

* कल महाराष्ट्र और राजस्थान में तो शराब की बिक्री पर फिर प्रतिबंध लगा दिया गया। बताया जाता है कि अनावश्यक अव्यवस्था फैल रही थी। सोशल डिस्टेंस न होने के कारण और रोग के बढ़ने का खतरा हो जाने के कारण ऐसा किया गया।

* कल सिकंदराराऊ के बाजार पूरे दिन खुलने से भी बहुत अफरा-तफरी मची रही। भीड़ अधिक होने के कारण सामाजिक दूरी का खयाल रखना बड़ा मुश्किल हो रहा था इसलिए कल प्रशासन ने व्यापारी नेताओं को सख्ती से हिदायत देकर छोड़ दिया।

* अगर विश्व के कोरोना मानचित्र पर नजर डालें तो ज्ञात होगा कि आज दोपहर 12:00 बजे तक 3727864 लोग संक्रमित पाये जा चुके हैं, 258340 लोगों की मृत्यु हो चुकी है तथा 1242393 लोग इलाज के बाद स्वस्थ हो गये हैं।

भारत में अब तक कुल संक्रमितों की संख्या 49501 हो गयी है, 1697 लोगों की मृत्यु हो चुकी है तथा 14291 लोग इलाज के बाद ठीक हो गये हैं। महाराष्ट्र में तो संक्रमण गजब कर रहा है... वहाँ अब तक 15525 लोग पॉजिटिव मिल चुके हैं तथा 617 लोग मर चुके हैं। उत्तर प्रदेश में संख्या बढ़कर 2880 हो गयी है। 56 लोगों की मृत्यु हो चुकी है तथा 987 लोग ठीक हो चुके हैं। आगरा में संक्रमितों की संख्या बढ़कर 640 हो चुकी है।

* कल हमारे सिकंदराराऊ से भी मजदूरों को लेकर अहमदाबाद से बरेली जा रही साबरमती एक्सप्रेस को लोगों ने गुजरते हुए देखा।

* इजराइल ने दावा किया है कि उसने कोरोना की वैक्सीन बना ली है। इजराइल के अत्याधुनिक इंस्टीट्यूट फॉर बायोलॉजिकल रिसर्च ने यह टीका बनाया है। इजरायली रक्षामंत्री के दफ्तर से जारी बयान में कहा गया है कि यह टीका मोनोक्लोनल तरीके से कोरोना पर हमला करता है और बीमार लोगों के शरीर के अंदर के कोरोना वायरस को खत्म कर देता है। एंटीबॉडी के विकास की प्रक्रिया पूरी हो गयी है। इंस्टिटट्यूट अब इसे पेटेंट कराने में जुटा हुआ है, इसके बाद अगले चरण में वैज्ञानिक इस टीके के व्यावसायिक उत्पादन के लिए अंतरराष्ट्रीय कम्पनियों के साथ बातचीत करेंगे।

* आज उत्तर प्रदेश में भी रुपये 2 पेट्रोल पर तथा रुपये 1 डीजल पर बढ़ा दिया गया, साथ ही शराब के दामों में भी बेतहाशा वृद्धि कर दी गयी। 180मि.ली. तक रुपये 100, 500मि.ली. रुपये 200 और 500मि.ली. से अधिक रुपये 400 महँगी हो गयी।

* ओज के वरिष्ठ एवं शिखर कवि श्री कृष्ण मित्र जी की शराब पर लिखी हुई एक ताजा कविता पढ़िए-

ओ मद्यपान वालो

तुमसे है यह निवेदन

विपदा में ग्रस्त है अब

जब आदमी का जीवन

फैला जब भयानक

हर ओर यह कोरोना

भयभीत है विकल है

कम्पित है कोना-कोना

संकट की इस घड़ी में

सुनसान हर शहर है

फैली हुई चतुर्दिक

यह विष बुझी लहर है

खामोशियाँ हैं घर-घर

सहमी हुई दिशाएँ

शासक हुआ है चिन्तित

कैसे इसे हरायें

ऐसे में पूछता है

सब से यह देश अपना
सोचो ज़रा बताओ
मन में है कैसा सपना
जब देश अपना सारा
घर में ही है सुरखयित
तब आपकी अदाएँ
क्यों कर रहीं अनिश्चित
जागो स्वदेश के हित
छोड़ो शराब पीना
इस ज़िन्दगी को जाने
कब तक है और जीना
इस भीड़ में छिपी है
किस मौत की कहानी
आखिर शराब वालो
तुमको पड़ी सुनानी
कवि की है यह गुज़ारिश
ओ मेरे हम नवाओ
भगवान के लिए इस
मदिरा से मुक्ति पाओ।

-कृष्ण मित्र।

07 मई 2020

* सुप्रभात।

* अब तो शराब भी ठेकों से चलकर लोगों के घरों तक और घरों से चलकर लोगों के कण्ठ तक पहुँच गयी है। बाजार भी खुलने लगे हैं इसलिए चेहरों पर भी रौनक लौटने लगी है।

* आज बुद्ध पूर्णिमा है। कल रात से ही टीवी पर सूचना आ रही थी कि कल 9:00 बजे प्रधानमंत्री श्री नरेंद्र मोदी जी राष्ट्र के नाम संदेश देंगे, तब से ही उत्कण्ठा थी कि पता नहीं मोदी जी सुबह क्या नया फरमान जारी कर दें। लेकिन आज सुबह

9:00 बजे उनका पूरा संदेश बहुत ही गम्भीर, बुद्ध के आसपास ही घूमता रहा। उन्होंने बुद्ध के संदेशों के माध्यम से बातों ही बातों में अपनी बात भी कह दी कि हमें कोरोना से लड़ने वाले योद्धाओं का ध्यान भी रखना है और उनका सम्मान भी करना है।

* आज विश्व कोरोना का मानचित्र देखें तो ज्ञात होगा कि दोपहर 12:00 बजे तक पूरे विश्व में कोरोनावायरस के मरीजों की संख्या 3822951 हो गयी है, 265084 लोगों की मौत हो गयी है तथा 1302995 लोग ठीक हो गये हैं। अमेरिका में 1263183 कुल संक्रमित केस हो चुके हैं, 74807 लोगों की मृत्यु हो गयी है तथा 213084 ठीक हो गये हैं।

भारत में कुल मामले 52252 हो चुके हैं, 1783 मौतें हो चुकी हैं तथा 15266 लोग ठीक हो गये हैं। महाराष्ट्र में सर्वाधिक केस 16758 हो गये हैं उत्तर प्रदेश में 2998 कुल संक्रमितों की संख्या हो गयी है, 60 लोग मर चुके हैं तथा 1130 लोग स्वस्थ हो गये हैं।

उत्तर प्रदेश सरकार भी केंद्र से मिलता-जुलता अध्यादेश ले आयी है। इसके लागू होने के बाद कोरोना योद्धाओं पर हमला करने वालों को 7 वर्ष की जेल, वहीं इस संक्रमण को छिपाने पर 3 वर्ष की जेल भोगनी पड़ेगी। क्वॉरेंटाइन का उल्लंघन है तो 3 साल की जेल और 10 हजार रूपये से 3 लाख रूपये तक का जुर्माना है। अस्पताल से भागने वालों के खिलाफ 1 से 3 वर्ष तक की जेल तथा 50 से 1लाख तक का जुर्माना है। अगर कोई कोरोना मरीज खुद को छुपायेगा तो उसे 1 से 3 वर्ष तक की कैद और 50 से 1 लाख तक का जुर्माना। कोरोना मरीज जानबूझकर सार्वजनिक परिवहन से यात्रा करता है तो उसके लिए भी उपरोक्त सजा सुनायी जायेगी।

* आज हमारे नगर के प्रशासन ने फिर से पूरा बाजार बंद करवा दिया। अब 10:00 बजे से शाम 6:00 बजे तक सिर्फ जरूरी सामान वालों की ही दुकान खुलेगी, शेष सारी दुकानें बंद रहेगी। अनावश्यक वस्तुओं की दुकानें खुलने से मार्केट में बहुत भीड़ होने लगी थी। अफरा-तफरी का माहौल तथा सोशल डिस्टेंस न होने के कारण यह निर्णय लेना पड़ा।

* रोज इस प्रकार होता रहा तो मन खुद से पूछने लगेगा हे भगवान! यह लॉकडाउन कब खुलेगा। एक मजेदार बात देखिए-

Lockdown कब खुलेगा?

इसे ऐसे समझें :-

आपके पाँव में चोट लग गयी, *X-RAY* करवाया। डॉक्टर ने कहा 7 दिन का कच्चा प्लास्टर लगेगा, 7 दिन बाद कहा 15 दिन का पक्का प्लास्टर, फिर 22 दिन बाद कहा एक महीने का प्लास्टर और लगेगा, अब 47 दिन बाद आपको लगता है कि प्लास्टर खुल भी सकता है और नहीं भी। आपका मन बना दिया जाता है। डॉक्टर को पहले दिन से पता था कि लगभग दो महीने का प्लास्टर लगेगा। शुरू में कहता तो आप भड़क जाते। चिंता मत कीजिए, यहाँ भी डॉक्टर को पता है कि टोटल कितने दिन का प्लास्टर लगाना है... थोड़ा आपके पाँव की स्थिति पर भी है।

विशेष हिदायतें :- प्लास्टर खुलने के बाद सावधानी बरतें-भागना नहीं है; धीरे-धीरे और जब जरूरी हो तभी चलना है। आपकी लापरवाही से यदि दर्द बढ़ा तो 5 -10 दिन की सिकाई करनी पड़ सकती है और ज्यादा समस्या हुई तो प्लास्टर भी दोबारा करना पड़ सकता है।

आशा है कि आपको सब समझ आ गया होगा ।

08 मई 2020

*   सुप्रभात।

*   एक तरफ कोरोना लोगों को मौत के मुँह में ले जा रहा है तो दूसरी तरफ आंध्र प्रदेश के विशाखापट्टनम में एक उत्तर कोरिया की प्लास्टिक फैक्ट्री में गैस रिसाव के कारण 11 लोगों की मौत हो गयी। लगभग 1000 लोग अस्पताल में गम्भीर हालत में भर्ती हैं। गैस रिसाव इतना जहरीला था कि राह चलते लोग बेहोश होकर गिर रहे थे। वातावरण में पेड़-पौधों के पत्ते तक मुरझा के नीचे लटक गये। इस रिसाव को देखकर 36 वर्ष पूर्व हुए भोपाल गैस कांड की त्रासदी लोगों को याद आ गयी। कल ही पाँच-छह गाँवों को खाली करके दूसरे स्थान पर जाने की सरकार ने चेतावनी दे दी। अब स्थिति नियंत्रण में है।

*   आज अगर विश्व स्तरीय कोरोना मानचित्र देखें तो विश्व में अब तक 3917532 कुल संक्रमित मामले हैं, 270720 लोगों की मौत हो चुकी है तथा 1344120 लोग ठीक हो गये हैं। अमेरिका में कुल पॉजिटिव केस 1292630 हैं,

76928 लोग मर चुके हैं तथा 998445 लोग इलाज के बाद ठीक हो चुके हैं।

भारत में कुल 56342 संक्रमित संख्या हो चुकी है, 1886 लोग मर चुके हैं तथा 16539 लोग इलाज से ठीक हो गये हैं। महाराष्ट्र में संक्रमित व्यक्तियों की संख्या बढ़कर 17974 हो चुकी है तथा 694 लोग मर चुके हैं।

उत्तर प्रदेश में संक्रमित लोगों की संख्या 3071 हो गयी है, 62 लोगों की मौत हो चुकी है तथा 1250 लोग इलाज से स्वस्थ हो गये हैं। अलीगढ़ में चार एवं हाथरस में दो संक्रमित केस और मिल गये हैं।

*   इन दिनों सब्जियों और फलों के द्वारा संक्रमण खूब फैल रहा है। दिल्ली सहित कई राज्यों में जमातियों के बाद सब्जी विक्रेता इस संक्रमण के वाहक बन रहे हैं- इसलिए

अगर आप सब्जी लेने जा रहे हैं तो एक बार में ही अधिक दिनों की सब्जी लेकर आयें।

सब्जियों को हाथ न लगायें।

दस्तानों का प्रयोग करें, खरीदते वक्त भी यही सावधानी रखें।

सब्जी विक्रेता से दूरी बनाकर रखें।

राउंड फिगर में पैसे देने का प्रयास करें ताकि पैसे के विनिमय से बचा जा सके।

घर पर सब्जी लाने के बाद बिना स्पर्श किये आधी बाल्टी पानी में 4 से 5 चम्मच नमक घोलकर 1 घण्टे तक पड़ा रहने दें।

*   लॉकडाउन काल में 6 लाख से अधिक श्रमिक उत्तर प्रदेश आ चुके हैं। आगामी 24 घण्टे में हरियाणा से भी 20000 श्रमिक आयेंगे अब तक 69 ट्रेनें यहाँ आ चुकी हैं। 1 दिन में 30000 लोग ट्रेन से पहुँच रहे हैं

*   भारत सरकार ने 222 विशेष ट्रेनें चलाकर ढाई लाख लोगों को वापस घर भेजा है। विदेशों में फँसे भारतीयों को भी विमानों द्वारा वापस लाया जा रहा है। आबूधाबी और दुबई से लगभग 350 यात्री आज भारत आ गये। कल सिंगापुर से रवाना होगा भारतीयों का पहला जत्था। वंदे भारत और समुद्र सेतु मिशन के तहत पानी के जहाज से भी मालदीव में फँसें भारतीयों को लाया जायेगा, इससे 750 यात्रियों को भारत लाने लाये जाने की योजना है।

*   अपनी मिट्टी को छोड़कर बाहर रोटी कमाने के लिए विश्व के तमाम देशों में

और अपने देश के अनेक प्रांतों में न जाने कितने लोग अपना जीवन मुश्किल से गुजारते हैं, इसके लिए उन्हें अपनों का विछोह भी सहना पड़ता है और पराये देश में सरवाइव करने की दुश्वारियाँ भी। आखिर रोटी है क्या?

साबुत रोटी

रोटी साबुत रहते हुए
कोई नहीं खा सकता
फिर भी
हर आदमी को चाहिए
साबुत रोटी
क्योंकि
आदमी चाहता है
रोटी के टुकड़े वह खुद करे
रोटी और स्त्री की पीड़ा एक जैसी है
आँच पर पकना भी है
और साबुत भी रहना है
किसी भूखे आदमी से
अपने टुकड़े करवाने के लिए।

-कुशल कौशल सिंह

09 मई 2020

* सुप्रभात।

* कल एक दुखद हादसा श्रमिकों के साथ हो गया। यूँ तो हर राज्य से श्रमिकों के लिए विशेष ट्रेनें चलायी जा रही हैं, लेकिन शायद कुछ श्रमिकों को इस बात की जानकारी नहीं थी इसलिए वह अपने गाँव को पहुँचने की जल्दी में पैदल ही निकल लिये। इसके लिए उन्होंने रेलवे ट्रैक के सहारे चलना ही सबसे उपयुक्त समझा। शाम ढली, शरीर की थकान ने उन्हें वहीं सोने पर मजबूर कर दिया।

16 मजदूर रेलवे ट्रैक पर ही सो गये। उन्हें यह तो पता था कि लॉकडाउन में रेलगाड़ियों का संचालन बंद है, लेकिन यह नहीं मालूम था कि मालगाड़ियाँ चलना बंद नहीं हुई हैं। थकान भरी नींद इतनी गहरी थी कि रेलवे ट्रैक पर आ रही मालगाड़ी का शोर और उसका हॉर्न भी वह नहीं सुन सके और एक पल में ही 16 मजदूरों के परखच्चे उड़ गये। यह हादसा महाराष्ट्र के औरंगाबाद के पास हुआ। सभी मजदूर जालना शहर की एक फैक्ट्री में काम करते थे। करीब 36 किलोमीटर पैदल चलने के बाद औरंगाबाद जिले में बदनापुर एवं करमाड स्टेशन के बीच का यह हादसा हुआ। सभी मजदूर शहडोल उमरिया जिले के थे।

*   इसे कहते हैं राजस्थान की मिट्टी का स्वाभिमान। आज के दौर में जब बेशर्मी और बेईमानी पुरुषार्थ का पैरामीटर बन गये हैं तब स्वाभिमान की अविश्वसनीय झलक राजस्थान के सिरोही और जालौर जिले के आदिवासियों के चेहरों पर स्पष्ट दिखती है। प्रशासन भी भौचक है। यह गरीब आदिवासी राशन नहीं ले रहे हैं... यह कह रहे हैं कि राशन तभी लेंगे जब प्रशासन हमें काम दे। प्रशासन मनाने में जुटा है, कह रहा है कर्ज समझकर स्वीकार लें, बदले का काम हम बाद में दे देंगे, लेकिन बात बन नहीं रही।

*   आज के कोरोना मीटर पर नजर डालें तो दोपहर 12:00 बजे तक कुल संक्रमित केस 4014265 हो गये हैं, 276236 लोग मर चुके हैं तथा 1385559 लोग स्वस्थ हो गये हैं।

अमेरिका में कुल संक्रमित केस 1322154 हो चुके हैं 78616 लोग मर चुके हैं तथा 223749 लोग स्वस्थ हो गये हैं।

भारत में कुल संक्रमितों की संख्या 59662 हो गयी है, 1981 लोग मर चुके हैं तथा 185559 लोग स्वस्थ हो गये।

महाराष्ट्र में यह त्रासदी पैर पसारती ही जा रही है। यहाँ 19063 लोग संक्रमित पाये जा चुके हैं, 731 लोग मर चुके हैं तथा 3470 लोग ठीक हो गये हैं।

उत्तर प्रदेश में कुल केस 3214 हैं, 66 लोग मर चुके हैं तथा 1387 लोग ठीक हो गये हैं। आगरा में अब तक 706 केस हो चुके हैं।

*   कोरोना बीमारी से मरने के अलावा भी इस लॉकडाउन काल में 338 लोगों की जान चली गयी है। एक शोध के अनुसार 19 मार्च से लेकर 2 मई के बीच इतनी जानें गयी हैं।

-आँकड़े बताते हैं कि 80 लोगों ने अकेलेपन से घबराकर और संक्रमित पाये जाने के भय से खुदकुशी कर ली।

-इसके बाद मरने वालों का सबसे बड़ा आँकड़ा है प्रवासी मजदूरों का। बंद के दौरान जब यह अपने घरों को लौट रहे थे तो विभिन्न सड़क दुर्घटनाओं में 51 प्रवासी मजदूरों की मौत हुई.

-विडाल सिम्टम्स (यानी शराब नहीं मिलने) से 45 लोगों की मौत हो गयी और भूख एवं आर्थिक तंगी से 36 लोगों की जान चली गयी।

* जैसा स्वाभिमान राजस्थान के आदिवासियों का है वैसा ही आमतौर पर मध्यमवर्गीय व्यक्तियों का होता है... एक नया अंदाज़ देखिए-

* मदद करने का अनोखा अंदाज़

मुहल्ले में बच्चों को पढ़ाने वाली अम्माजी के घर आटा और सब्जी नहीं है, मगर वह सादगी से रहने वाली महिला बाहर आकर मुफ़्त राशन वाली लाइन में लगने से घबरा रही है।

फ्री राशन वितरण करने वाले युवाओं को जैसे ही यह बात पता चली उन्होंने जरूरतमंदों में फ्री आटा व सब्जी बाँटना रोक दिया

पढ़े-लिखे युवा थे, आपस में राय व मशविरा करने लगे। बातचीत में तय हुआ कि न जाने कितने मध्यवर्ग के लोग अपनी आँखों में ज़रूरत का प्याला लिये फ्री राशन की लाइन को देखते हैं, पर अपने आत्मसम्मान के कारण करीब नहीं आते।

राय-मशविरे के बाद उन्होंने फ्री राशन वितरण का बोर्ड बदल दिया और दूसरा बोर्ड लगा दिया-

जिसमें लिखा था कि स्पेशल ऑफ़र :-

हर प्रकार की सब्जी 15 रूपये किलो, मसाला फ्री,

आटा- चावल-दाल 15 रूपये किलो।

एलान देखकर भिखारियों की भीड़ छँट गयी और मध्यवर्गीय परिवार के मजबूर लोग हाथ में दस-बीस-पचास रूपये पकड़े ख़रीदारों की लाइन में लग गये... अब उन्हें इत्मीनान था कि आत्मसम्मान को ठेस लगने वाली बात नहीं थी।

इसी लाइन में बच्चों को पढ़ाने वाली अम्माजी भी अपने हाथ में मामूली रकम लेकर घूँघट के साथ खड़ी थीं। उनकी आँखें भीगी हुई थीं पर घबराहट न थी। उनकी बारी आयी सामान लिया, पैसे दिये और इत्मीनान के साथ घर वापस आ गयीं,

सामान खोला तो देखा कि जो पैसे उन्होंने ख़रीदारी के लिए दिये थे वह पूरे के पूरे उनके सामान में मौजूद हैं।

युवाओं ने उनके पैसे वापस उस समान के थैले में डाल दिये थे

युवक हर ख़रीदार के साथ यही कर रहे थे यह सच है कि

ज्ञान व व्यवहार बदतमीजी और दिखावे पर भारी है।

मदद कीजिए पर किसी के आत्मसम्मान को ठेस न पहुँचाइए... ज़रूरतमंद सफ़ेद बाल वालों का ख़याल रखिए।

इज़्ज़तदार मजबूरों का आदर कीजिए।

(एक वाट्सअप ग्रुप से साभार)

10 मई 2020

* सुप्रभात।

* आज सुबह से ही मौसम बहुत सुहावना हो रहा है। बादल छाये हुए हैं। ठण्डी हवा चल रही हैं। शायद कहीं बारिश हो रही है।

आज दोपहर 12:30 बजे तक का कोरोना मीटर इस प्रकार है- पूरे विश्व में अब तक कुल संक्रमितों की संख्या 4101973 हो चुकी है, 280451 लोगों की मृत्यु हो गयी है तथा 1441866 लोग स्वस्थ होकर अपने घर जा चुके हैं।

अमेरिका में 1347309 लोग अब तक संक्रमित हो चुके हैं, 80037 लोग मर चुके हैं तथा 238078 लोग ठीक हो चुके हैं।

भारत में अब तक 62939 लोग संक्रमित पाये जा चुके हैं, 2109 लोगों की मृत्यु हो चुकी है तथा 19357 लोग स्वस्थ हो चुके हैं।

महाराष्ट्र की स्थिति चिंताजनक होती जा रही है; यहाँ 20228 कुल

संक्रमितों का आँकड़ा हो चुका है, 779 लोगों की मौत हो चुकी है और 3800 लोग ठीक हो चुके हैं।

उत्तर प्रदेश में अब तक 3373 संक्रमित लोग पाये जा चुके हैं, 74 लोगों की मृत्यु हो चुकी है और 1499 लोग ठीक हो चुके हैं। आगरा में संक्रमितों की संख्या बढ़कर 745 पहुँच गयी है। कल अलीगढ़ में एक महिला की कोरोना के कारण मृत्यु हो गयी लेकिन इसके साथ ही 2 केस और बढ़ गये।

*   व्हाट्सएप विश्वविद्यालय और फेसबुक पर पड़ने वाली पोस्टें इतनी फर्जी हो गयी है कि अब सोशल मीडिया से विश्वास उठता जा रहा है। पिछले कई दिनों से यह अफवाह तैरने लगी कि गृहमंत्री श्री अमित शाह गम्भीर रूप से बीमार हैं। कल बेचारे अमित शाह को मीडिया के सामने आकर बयान देना ही पड़ा कि मैं बिलकुल बीमार नहीं हूँ, पूरी तरह से फिट हूँ।

*   जब तक वैक्सीन नहीं बन पा रही है, तब तक 'रिपर पजिंग' दवाएं ही कोरोना को दूर करेंगी। जो दवाएँ किसी अन्य रोग के इलाज के लिए बनायी गयी, लेकिन बाद में अन्य रोगों के इलाज में इस्तेमाल की जाने लगी उन्हें 'रिपर पजिंग' दवाई कहा जाता है। एस्प्रिन इसका बेहतरीन उदाहरण है जो आज कई रोगों के इलाज में काम आ रही है, क्योंकि वह वैक्सीन के विकास और निर्माण में काफी समय लगता है इसके ह्यूमन ट्राइल ही तीन स्तर पर होते हैं, जिसमें कम से कम डेढ़ साल का समय लग जाता है। फिर निर्माण ढाँचा बनाना होता है। कोरोना वैक्सीन की तो अरबों डोज बनानी होंगी... ऐसे में इसे दुनिया में पहुँचने में ही दो-तीन साल का समय लग सकता है। कोरोना की किसी भी वैक्सीन को तीन स्तर पर काम करना होगा-

-कोरोना वायरस को कोशिका में घुसने से रोकना,

-कोशिका में यह दवाई घुसने में कामयाब रहे तो उसे बढ़ने से रोकना,

-संक्रमण के कारण ऊतकों को क्षति पहुँचने से बचाना.

विशेषज्ञों ने साफ कर दिया है कि वैक्सीन की डोज लगते ही कोई भी व्यक्ति कोरोना से पूरी तरह सुरक्षित नहीं हो जायेगा, इसे काम करने में समय लगेगा।

*   इस कोरोना के संकट ने धनाढ्य देशों की स्थिति कंगालों जैसी कर दी है। अमेरिका में 10 साल में 2.28 करोड़ नौकरियाँ मिलीं, लेकिन कोरोना ने एक महीने में ही 2.05 करोड़ नौकरियां छीन ली। इसमें सबसे अधिक छँटनी

महिलाओं की हुई। मैन्युफैक्चरिंग में 13 लाख, निर्माण में 9.75 लाख, कपड़ा स्टोर में 7.40 लाख, मोशन पिक्चर्स में 2.1 7 लाख, कम्प्यूटर डिजाइन में 93 हजार, लॉ फर्म में 64 हजार, ट्रक परिवहन में 88 हजार, सरकारी नौकरियाँ 8.01 लाख तथा अस्पताल क्लीनिक में 14 लाख नौकरियों से लोगों को हाथ धोना पड़ा है।

* आज मदर्स डे है। बच्चों का अपनी माँ के प्रति आदर भाव के प्रदर्शन का दिन। आज के दिन जहाँ सब अपनी अपनी माँओं को विश कर रहे हैं ऐसे में मुझे अपनी दिवंगत माँ की याद आना स्वाभाविक है। आज मेरी एक कविता का अंश देखिए-

ज़िंदगी बिन तुम्हारे कहाँ जिंदगी

खुशनुमा जिंदगी की तुम्ही आस हो।

मेरा दिल हो तुम्हीं उसकी धड़कन तुम्हीं

जिस्म में आती-जाती हुई साँस हो।

अब न मंदिर न मस्जिद सुहाता मुझे

पास तुम हो तो प्रभु की ज़रूरत नहीं,

बस तुम्हें देखकर काम सब हों शुरू

तुमसे अच्छा है कोई मुहूरत नहीं,

तुम न होतीं तो जग देख पाता न माँ-

हर समय तुम मेरे आस ही पास हो

ज़िंदगी...

श्री घनश्याम अग्रवाल की ये कविता भी बहुत ही प्रासंगिक है-

बच्चा जिस दिन पैदा होता है,

पिता, उस दिन पिता बनता है।

लेकिन माँ, उसी दिन माँ बन जाती है,

जिस दिन बच्चा गर्भ धारण करता है।

इस हिसाब से माँ, पिता से 9 महीने सीनियर होती है। आज 'मदर्स डे' पर सीनियर माँओं को जूनियर बेटों का प्रणाम... पिताओं को भी

एक सच ये भी,

पहले इतनी अच्छी नौकरी,

फिर सुंदर बीवी,

उसके बाद इतनी धन-दौलत, मान-सम्मान,

इन सबका श्रेय मैं अपनी माँ को देता हूँ,

जिसने इस नौकरी के लिए इण्टरव्यू में जाते वक्त,

मुझे आशीष दिया, मेरे लिए दुआएँ की,

ऐसी बात है तो बधाई,

पर एक बात बता मेरे भाई,

जिन्हें ये नौकरी नहीं मिली,

उनकी माँओं ने उन्हें कौन-सी बद् दुआ दी थी?''

आज ''मदर्स डे'' पर मैं सफल बेटों की मांओं के साथ-साथ असफल बेटों की माँओं को भी प्रणाम करता हूँ।''

एक जोक देखिए-

जिंदगी टमाटर-सी हो गयी है। पहले ग्रीन थे, फिर ऑरेंज हुए और अब रेड जोन में आ गये हैं.... लगता है बस तब चटनी बनना ही बचा है।

11 मई 2020

* सुप्रभात

* देश की रुकी हुई गाड़ी पुनः पटरी पर दौड़ने को आतुर है। 48 दिनों भारत चुनिंदा रूट पर कल यानि 12 मई से यात्री ट्रेनें चलने लगेंगी। 15 जोड़ी ट्रेनें राजधानी एक्सप्रेस होंगी। 500 किलोमीटर के दायरे में चलने वाली शताब्दी, तेजस, जनशताब्दी और वंदे भारत की शुरूआत अगले चरण में होगी।

* आज प्रधानमंत्री मुख्यमंत्रियों के साथ जो मीटिंग कर रहे हैं उसमें तय करेंगे कि अगले हफ्ते में किस प्रकार और कितनी छूट मिले। वैसे कंटेनमेंट एरिया के अलावा सभी जगहों पर छूट देने की तैयारी है। राज्यों के भीतर बसें चलाने का

भी संकेत है। सुरक्षा मानकों का ध्यान रखने पर कुछ उद्योग धंधों को भी शुरू करने का विचार है।

आज दोपहर 12:00 बजे तक कोरोना मीटर ध्यान से देखें तो पूरे विश्व में अब तक 4180922 कुल मामले सामने आ चुके हैं। 283868 लोगों की मौत हो चुकी है तथा 1493401 मामले ठीक हो चुके हैं।

अमेरिका में 1367638 लोग संक्रमित हो चुके हैं। 80787 लोग मर चुके हैं तथा 256336 लोग ठीक हो गये हैं।

भारत में 67152 लोग संक्रमित पाये जा चुके हैं। 2206 लोग मर चुके हैं और 20917 लोग स्वस्थ हो गये हैं।

महाराष्ट्र में 22171 लोग संक्रमित पाये जा चुके हैं तथा 832 लोगों की मृत्यु हो चुकी है।

उत्तर प्रदेश में कुल सीटों की संख्या 3467 है अब तक 79 लोगों की मौत हो चुकी है तथा 1653 लोग ठीक हो गये हैं। आगरा में अभी तक 756 के सामने आ चुके हैं और अलीगढ़ में 3 केस और बढ़ गये हैं।

* एनआरडीसी की एक रिपोर्ट के अनुसार देश में वैक्सीन, जाँच किट, पीपीई, मास्क, सेनेटाइजर, दवा, आयुर्वेदिक एंटीबायोटिक सहित 200 तकनीकों पर फिलहाल काम चल रहा है। रिपोर्ट में कहा गया है कि आयुर्वेद एंटीबायोटिक सहित फीफा ट्रोल पाँच जड़ी बूटियों सुदर्शन घनवटी, संजीवनी वटी, गोदंती भस्म, त्रिभुवन कीर्ति रस व मृत्युंजय रस से निर्मित है। तुलसी, कुटकी, चिरायता, गुडूची, दारु हरिद्रा, अपामार्ग, करंज व मोथा बूटी के अंश भी शामिल हैं। लम्बे शोध के बाद एमिल फार्मा ने इसे तैयार किया है।

* धीरे-धीरे अपने जो भारतीय बाहर फँसे हुए थे, वह पोत तथा अंतरराष्ट्रीय उड़ानों से अपने वतन वापस आ रहे हैं। घर वापसी पर उनके चेहरों की रौनक देखते बन रही है। श्रमिक रेलों से न जाने कितने मजदूर अपने घरों को लौट गये हैं। अब कोरोना से जो भी लड़ाई बची है अपने घर से और अपने परिवार के साथ लड़ेंगे।

* जिन बच्चों की पढ़ाई अब तक बंद पड़ी थी, उन बच्चों की भी ऑनलाइन पढ़ाई की व्यवस्था की जा रही है। मानव संसाधन विकास मंत्रालय ने घोषणा की है कि कक्षा 1 से 12 तक के लिए अब 12 नए टीवी चैनल शुरू किए जायेंगे।

* आज कवियों का एक साझा उपक्रम ''फिर नयी शुरूआत कर लेंगे'' के रूप में नया सिक्वल तैयार किया गया है। कोरोना के कारण ठहरी हुई जिंदगी में एक नयी चेतना फूँकने वाले इस वीडियो में गीत और निर्देशन चिराग जैन का है। देश के सभी बड़े कवियों ने इसमें अपनी भावाभिव्यक्ति दी है। श्री सुरेंद्र शर्मा, संतोष आनंद, शैलेश लोढ़ा, अरुण जेमिनी, विष्णु सक्सेना, मनोहर मनोज, संजय झाला, सर्वेश अस्थाना, प्रवीण शुक्ल, दिनेश बावरा आदि ने शानदार अभिनय किया है... गीत कुछ इस प्रकार है-

थम गया संसार सारा

हो रहा ओझल किनारा

साँस डर कर ले रहे हैं

विष घुला है हर नज़ारा

किन्तु हम खुद को पुनः सुकरात कर लेंगे

फिर नयी शुरूआत कर लेंगे

मानते हैं, आदमी से भूल भारी हो रही थी

एक अंधी दौड़ की सब पर खुमारी हो रही थी

इस हवस का अंत होगा, होड़ का अवसान होगा

फिर नयी दुनिया बसेगी, फिर सृजन का गान होगा

खेत, वन सबका सही अनुपात कर लेंगे

फिर नयी शुरूआत कर लेंगे

देख लेना इस नये जग की सुरीली तान होगी

श्वास में विश्वास होगा, आँख में मुस्कान होगी

प्रेम का व्यवहार होगा, प्रीत का सत्कार होगा

फिर नये बिरवे उगेंगे, फिर नया संसार होगा

हर तरफ़ उल्लास को तैनात कर लेंगे

फिर नयी शुरूआत कर लेंगे

लोभ का प्रतिकार करना जानता हो, वो बचेगा

सत्य को स्वीकार करना जानता हो, वो बचेगा

जो बचेगा, वो मनुजता के लिए वरदान होगा

जो बचेगा, वो नये युग का नवल उत्थान होगा

साथ मिलकर फिर वही हालात कर लेंगे

फिर नयी शुरूआत कर लेंगे

12 मई 2020

* सुप्रभात

* लॉकडाउन लगभग 50 फीसदी हट गया है, कुछ फीसदी भी 17 मई के बाद हट जायेगा। कुछ प्रतिबंध हटा लिये हैं कुछ प्रतिबंध 17 मई के बाद हट जायेंगे। जहाँ बहुत खराब स्थिति है उन क्षेत्रों या राज्यों को छोड़कर शेष में स्थिति सामान्य-सी हो जायेगी। बंगाल ने कहा है कि लॉकडाउन अभी बढ़ाया जाय, पंजाब, तेलंगाना और महाराष्ट्र भी यही ही सख्ती चाहते हैं। तमिलनाडु अभी रेल व हवाई सेवाएँ शुरू करने के पक्ष में नहीं हैं। राजस्थान ने भी रेड जोन में पूरी पाबंदी का सुझाव दिया है, कुल मिलाकर धीरे-धीरे ही सही सम्पूर्ण देश में लॉक डाउन खुल जाएगा।

* आज दोपहर 12:00 बजे तक पूरे विश्व में 4255942 कुल संक्रमित केस हो चुके हैं, 287332 लोगों की मौत हो चुकी है तथा 1527496 लोग ठीक हो गये हैं।

अमेरिका में 1385834 लोग संक्रमित पाये जा चुके हैं, 81795 लोग अब तक मर चुके हैं तथा 262225 लोग ठीक हो गये हैं।

भारत में संक्रमित लोगों का आँकड़ा 70756 तक पहुँच गया है, 2206 लोगों की मौत हो चुकी है तथा 22455 लोग ठीक हो गये हैं।

महाराष्ट्र अभी भी सर्वाधिक चिंता का विषय बना हुआ है। 23401 संक्रमित केस अब तक हो चुके हैं तथा 868 लोगों की मौत हो चुकी है।

उत्तर प्रदेश में अब तक संक्रमितों की कुल संख्या 3573 पहुँच गयी है 80 लोगों की मौत हो चुकी है तथा 1758 लोग स्वस्थ हो गये हैं। आगरा में सर्वाधिक 770 के पॉजिटिव पाये गये हैं। अलीगढ़ में अब तक 57 केस मिले जिनमें 3 की मृत्यु हो गयी 22 लोग ठीक होकर घर चले गये। हाथरस जिला अब तक बहुत शांत था, लेकिन वहाँ भी धीरे-धीरे केस निकलने लगे हैं। कल ही एक परिवार के 10 लोग संक्रमित पाये गये हैं इन्हें मिलाकर अब तक 19 केस हो गये जिनमें चार ठीक हुए हैं... डर है कहीं हाथरस ग्रीन से रेड जोन में न चला जाय।

*   अभी-अभी सूचना मिली है कि आज रात 8:00 बजे प्रधानमंत्री राष्ट्र के नाम संदेश देंगे।

*   लॉकडाउन में कई तरह की गतिविधियों को छूट दी गयी है। इसके बाद भी सरकार कुछ कदम आगे बढ़ते हुए आज से रेल सेवा बहाल करने जा रही है। दिल्ली में पार्क खोले जा रहे हैं। इससे यह सवाल उठ रहा है कि सरकार कहीं हर्ड इम्युनिटी के लिए तैयार तो नहीं कर रही है। स्वास्थ्य विशेषज्ञों और महामारी से निपटने के लिए उपाय सुझाने वाले विद्वानों का एक वर्ग मानता है कि कोरोना वायरस से मुकाबले के लिए देश के पास इकलौता हथियार हर्ड इम्युनिटी है। हर्ड इम्यूनिटी का हिंदी में अनुवाद सामूहिक रोग प्रतिरोधक क्षमता है वैसे हर्ड का शाब्दिक अनुवाद झुण्ड होता है। विशेषज्ञों के अनुसार यदि कोरोनावायरस को सीमित रूप से फैलने का मौका दिया जाय तो इससे सामाजिक स्तर पर कोविड-19 को लेकर एक रोग प्रतिरोधक क्षमता विकसित होगी।

*   कितनी विषमता है... भारत में अलग-अलग राज्यों से श्रमिक, स्पेशल ट्रेनों से अपने-अपने घर वापस जा रहे हैं, वहीं कुछ राज्य अपने मजदूरों को जाने नहीं दे रहे। तेलंगाना ने अपनी चावल मिलों के लिए बिहार पहुँच चुके 20000 मजदूर वापस माँगे हैं। 2 लाख श्रमिक यूपी में लौटे हैं। छत्तीसगढ़ और मध्य प्रदेश में भी मजदूरों की वापसी हो गयी है। अब महानगरों में लगी हुई फैक्ट्रियों और मिलों को उन श्रमिकों का मुँह ताकना पड़ेगा जिनकी परवाह उन्होंने संकट के समय नहीं की। दिल्ली में फैक्ट्री मालिकों ने मजदूरों का वेतन नहीं दिया, मकान मालिकों ने अपने मकान खाली करवा लिये... मजबूरन बुरे हालात में सड़क के रास्ते या जैसे भी मुनासिब हुआ अपने-अपने घर पहुँचे यह मजदूर क्या फिर से इधर रुख कर पायेंगे...? यह बहुत असम्भव लगता है। मजदूर किसी भी राज्य की रीढ़ होते हैं... अगर हर राज्य अपने अपने मजदूर को रोजगार देने की व्यवस्था कर दे तो राज्य भी सम्पन्न होगा; मजदूर भी खुश रहेगा तथा अन्य राज्यों पर आबादी का बोझ नहीं पड़ेगा।

*   बायोरोलॉजिस्ट प्रोफेसर नागा सुरेश विरायू का कहना है कि महामारी या वायरस के प्रसार का मौसम से कोई सम्बंध नहीं होता। हो सकता है इसका प्रसार धीमा हो जाय लेकिन खत्म हो जाय ऐसा बिलकुल नहीं है। अगर प्रसार धीमा हो जाता है तो वायरस से लड़ने की तैयारी करने का समय और मिल सकता है।

13 मई 2020

* सुप्रभात।

* कल कल रात प्रधानमंत्री श्री नरेंद्र मोदी जी राष्ट्र के नाम संदेश में, भारत की जनता कहीं इस काल में तनावग्रस्त और अवसादग्रस्त न हो जाय इसलिए भारत वासियों के आत्मबल के लिए लगभग 40 मिनट बोले। व्यवसाय का रुका हुआ पहिया पुनः दौड़ने लगे इसलिए 20 लाख करोड़ का आर्थिक पैकेज देने की घोषणा की। इशारों इशारों में यह भी बता दिया कि भारत को सोने की चिड़िया बनाना है तो स्वदेशी चीजों की खरीद तथा उनका प्रयोग आरम्भ कर दें। हमारी आत्मनिर्भरता के पाँच स्तम्भ होंगे।

1- अर्थव्यवस्था जो उतार नहीं क्वांटम उछाल लाए
2- आधारभूत ढाँचा जो आधुनिक भारत की पहचान बने
3- हमारी व्यवस्था
4- जनसांख्यिकी
5- माँग

* आज दोपहर 12:00 बजे तक का कोरोना मीटर देखें तो पूरे विश्व में 4342355 लोग कुल संक्रमित पाये जा चुके हैं, 292893 लोगों की मृत्यु हो चुकी है तथा 1602443 लोग स्वस्थ हो चुके हैं।

अमेरिका में 1408636 लोग संक्रमित पाये जा चुके हैं, अब तक 83425 लोगों की मौत हो गयी है तथा 296746 लोग ठीक हो गये हैं।

भारत में अब तक 74281 संक्रमित पाए जा चुके हैं, 2415 लोगों की मृत्यु हो गयी है तथा दो 24386 लोग स्वस्थ होकर अपने घर जा चुके हैं।

महाराष्ट्र में कुल संक्रमितों की संख्या 24427 पहुँच गयी है, 921 लोगों की मृत्यु हो चुकी है।

उत्तर प्रदेश में कुल 3664 संक्रमितों की संख्या है, 82 लोगों की मौत हो गयी है तथा 1860 लोग हो गयी हैं। आगरा में 794 संक्रमितों की संख्या पहुँच गयी है और 24 लोगों की मृत्यु हो चुकी है।

* चीन की रैपिड जाँच किट के फेल होने के बाद अब दक्षिण कोरिया की

कम्पनी की भी किट विफल हो गयी है। इनसे कई पॉजिटिव मरीजों की जाँच भी नेगेटिव आयी। इसके बाद हरियाणा सरकार ने इन पर रोक लगा दी।

*   लॉकडाउन के चलते डेढ़ महीने से भी ज्यादा समय से घरों में बैठे बच्चों पर पढ़ाई और परीक्षाओं को लेकर किसी भी तरह का तनाव हावी न हो इसके लिए एनसीईआरटी ने एक बड़ी पहल की है। इसके तहत देशभर में करीब 300 अनुभवी काउंसलरों की एक टीम तैनात की गयी है जो बच्चों को इस दौर में पैदा होने वाले सभी तनावों से निकालने का रास्ता सुझायेगी, साथ ही यह भी बतायेगी कि वह क्या करें जिससे उन पर इस तरह का कोई तनाव हावी न हो सके। फिलहाल छात्रों के लिए ये सुविधा मुफ्त है। खास बात यह है कि इनमें ऐसे काउंसलर रखे गये हैं जो हिंदी अँग्रेजी के साथ गुजराती, उर्दू, राजस्थानी, मैथिली, उड़िया, पंजाबी, तमिल, असमिया और बंगाली जैसी भाषाओं को भी जानते हैं।

*   कोरोना काल में संघर्ष कर रहे लोगों की जिंदगी के साथ कहानियाँ जुड़ती ही जा रही हैं। फरीदाबाद से वापस अपने जिला हरदोई जाने वाले सुलेमान की पत्नी ने सिकंदराराऊ के अस्पताल में एक पुत्र को जन्म दिया। माता-पिता ने नगर सिकंदराराऊ के नाम पर ही अपने बेटे का नाम सिकंदर रख दिया। सिकंदराराऊ एटा रोड पर एक ढाबे पर हुई प्रसव पीड़ा के बाद एक सूचना पर एंबुलेंस से अस्पताल पहुँचाया गया। प्रसव के बाद स्थानीय पुलिस ने मानवता का परिचय देते हुए उसे रुपये 5500 दिये तथा उसे घर तक जाने के लिए गाड़ी की व्यवस्था की।

14 मई 2020

*   सुप्रभात।

*   प्रधानमंत्री के भारी-भरकम आर्थिक पैकेज की घोषणा के बाद उसकी पहली किस्त 6 लाख करोड़ की है, जिसकी वित्तमंत्री श्रीमती निर्मला सीतारमण ने अलग-अलग क्षेत्रों के लिए 15 घोषणाओं में की है।

*   लॉकडाउन की पाबंदियों में अब धीरे-धीरे और छूट दी जा रही है। कई देशों कई उद्योग धंधों के साथ ही दफ्तर और दुकानें भी खुलने लगी हैं। आने वाले दिनों में होटल भी खुलने जा रहे हैं। पर्यटन मंत्रालय के सुझावों के अनुसार होटल में कमरा लेने वालों के लिए अब आरोग्य सेतु एप का होना बहुत जरूरी

होगा। होटल के कर्मचारियों के पास भी ऐप होनी चाहिए। रोजाना मेहमान व स्टाफ की थर्मल मीटर से बुखार की जाँच होगी, शारीरिक दूरी के लिए फर्श पर निशान बनाने होंगे।

* पूरे विश्व के कोरोना मीटर के अनुसार अभी दोपहर 12 बजे तक 4342355 लोग संक्रमित पाये जा चुके हैं, 292893 लोगों की मृत्यु हो चुकी है तथा 1602443 लोग स्वस्थ हो गये हैं।

अमेरिका में अब तक 1408636 संक्रमितों की संख्या हो गयी है, 83425 लोगों की मौत हो चुकी है तथा 296746 लोग स्वस्थ होकर घर जा चुके हैं।

भारत में अब तक कुल 74781 लोग संक्रमित पाये जा चुके हैं, 2415 लोग अपनी जान गवाँ चुके हैं तथा 24386 लोग ठीक हो गये हैं

महाराष्ट्र में अब तक 24427 लोग संक्रमित मिल चुके हैं तथा 921 लोगों की मृत्यु हो चुकी है।

उत्तर प्रदेश में 3664 लोग संक्रमण का शिकार हो चुके हैं, 82 लोगों की मौत हो चुकी है और 1873 लोग ठीक हो गये हैं। आगरा में आज तक 791 केस पॉजिटिव हो चुके हैं।

* बतौर विशेष चिकित्सा अधिकारी मेरठ आये डॉ वेदप्रकाश बताते हैं कि कोरोना से देश में अब तक सिर्फ दो से 3 प्रतिशत मरीजों की मौत हुई है जबकि स्वाइन फ्लू जैसी अन्य बीमारियाँ इसके मुकाबले ज्यादा जानलेवा रही हैं। यही नहीं, डेंगू और मलेरिया जैसी बीमारियाँ भी कोरोना की तुलना में ज्यादा मरीजों की जान ले लेती हैं। अब तक के आकलन से साफ है कि इससे सिर्फ उन मरीजों की जान गयी जिनमें शुगर, हाइपरटेंशन, किडनी, हार्ट डिजीज, लिवर, अंग प्रत्यारोपण अस्थमा या कोई पुरानी बीमारी थी। जबकि विदेशों में वायरस ने भारत से ज्यादा कहर बरपाया है। हाई रिस्क वालों को खासतौर पर बचकर रहना चाहिए।

* केंद्र सरकार राज्य सरकारों से मिलकर मजदूरों को घर पहुँचाने की रेलों बसों से तमाम व्यवस्थाएँ कर रही है, लेकिन मजदूरों का सड़कों पर पैदल चलकर जाना अभी भी जारी है। आज टीवी पर अनेक दृश्य द्रवित करने वाले देखे। एक व्यक्ति ठेला गाड़ी पर अपनी गर्भवती पत्नी और 1 बच्चे को ऐसे खींचकर ले जा रहा था जैसे गली-मोहल्ले में भिक्षा माँगने वाले गाड़ी पर चलते

हैं। एक व्यक्ति बैलगाड़ी में अपने परिवार को ले जा रहा था। उसके पास एक ही बैल था। दूसरी तरफ का हिस्सा वह व्यक्ति अपनी गर्दन पर रखकर गाड़ी खींच रहा था। आज तीन दुर्घटना में न जाने कितने मजदूर कुचलकर मर गये। मुजफ्फरनगर देवबंद मार्ग पर 8 मजदूर सड़क पर जा रहे थे, एक बस ने रात में सभी को कुचल दिया। गुना के पास एक टैंकर और बस में टक्कर से बहुत से मजदूर मर गये ऐसी स्थिति में सरकार के तमाम प्रयास विफल से लगते हैं। इन हालात में मजदूरों को भी थोड़ा प्रतीक्षा करनी होगी। जब तक कोई सरकारी सहायता न आ जाय अपने स्थान पर ही रहना चाहिए।

<h1 style="text-align:center">15 मई 2020</h1>

*   सुप्रभात

*   वित्तमंत्री निर्मला सीतारमण ने दूसरे दिन 3.1 6 लाख करोड़ रूपए की कुल 9 योजनाओं का ऐलान किया और कहा कि किसान-मजदूर सबके संकट दूर हो जायेंगे। लेकिन मुझे भी इस हिंदुस्तान में साँस लेते हुए 60 वर्ष हो गये। देश जब से आजाद हुआ है तब से अधिकांश योजना किसानों-मजदूरों के लिए ही बनायी जाती रही हैं, लेकिन वह जहाँ थे आज भी वहीं हैं। मजदूर सड़कों पर भटकता है, कभी रोजी-रोटी की तलाश में कभी अपने घर जाने की लालसा में। अगर दृश्य देख लें तो पत्थर दिल इंसानों के दिल हूक भर कर रोने लगें। आखिर कब ऐसी योजनाएँ बनेंगी जो जमीन पर भी साकार हो जायँ। संजय निरुपम ने भी अपने ट्वीट में लिखा है-एक माँ अपने बच्चे को सूटकेस में लिटाकर कर उसे खींचते हुए आगे जा रही है। हम किसी भी राज्य के हों किसी भी पार्टी के सत्ता में हों, सत्ता में हों या विपक्ष में... यदि देश के गरीबों की यह दुर्दशा देखकर हमारा कलेजा नहीं फटता तो हम मनुष्य कहलाने के लायक नहीं हैं। रोज घोषणाएँ होती हैं, पर प्रवासी मजदूरों का संघर्ष 50 दिनों से अनवरत जारी है।

आज कोरोना मीटर के हिसाब से दोपहर 12:00 बजे तक पूरे विश्व में 4526850 लोग संक्रमित हो चुके हैं, 303405 लोगों की मृत्यु हो चुकी है तथा 1704268 लोग स्वास्थ्य लाभ कर चुके हैं।

अमेरिका में कुल मरीज 1457593 हो चुके हैं, 86912 लोगों की मृत्यु

हो चुकी है तथा 318027 लोग स्वस्थ हो गये हैं।

भारत में संक्रमित केसों की कुल संख्या 82103 हो गयी है, 2649 लोगों की मृत्यु हो चुकी है तथा 27977 लोग ठीक हो गये हैं। महाराष्ट्र में अब तक 27524 संक्रमित पाये जा चुके हैं, 1019 लोगों की मृत्यु हो चुकी है। उत्तर प्रदेश में कुल संक्रमितों की संख्या 3902 पहुँच गयी है, 88 लोग मर चुके हैं तथा 2072 लोग ठीक हो गये हैं। आगरा में कुल केस 785 तथा 24 लोगों की मृत्यु हो चुकी है। अलीगढ़ में 67 केस पाये जा चुके हैं 24 ठीक हो गये हैं तथा 3 लोग मर चुके हैं। यहाँ तो 8 माह का बच्चा भी संक्रमित पाया गया है। हाथरस में अब तक 19 केस मिल चुके हैं, जिनमें पाँच ठीक हो गये हैं।

जैसे-जैसे जाँच का दायरा बढ़ता जा रहा है संक्रमितों की संख्या में भी बढ़ोतरी होती जा रही है, लेकिन अभी मृत्यु दर बहुत कम है।

पहला मरीज मिलने के 100 दिन बाद भारत, चीन के बराबर होने जा रहा है।

* मौलाना आजाद मेडिकल कॉलेज दिल्ली की वरिष्ठ महामारी विशेषज्ञ डॉ. अतुल कुमार बताते हैं कि चीन के लिए संक्रमण नया नहीं है, न चीन एकमात्र ऐसा देश है जिसने संक्रमण को कंटेनमेंट के बाद रैपिड जाँच, रिसर्च, वैक्सीन ट्रायल इत्यादि शुरू कर दिये। भारत ने ऐसी महामारी का संकट पहले कभी नहीं देखा है, बावजूद इसके देश ने अब तक जो किया है वह अब तक का सबसे बेहतर परफॉर्मेंस है। हालाँकि जाँच को गति मिलने में थोड़ा वक्त जरूर लगा, लेकिन अब यह तेजी से बढ़ रही है।

* कहा जाता है कि मन के हारे हार है मन के जीते जीत। कोरोना के खिलाफ भी ऐसा ही है। दुनिया भर के विशेषज्ञ मानते हैं कि कोई भी बीमारी तब तक हावी रहती है जब तक उसका खौफ रहता है। रॉयल कॉलेज ऑफ सर्जस डबलिन की डॉ. सुसेन मोरे बताती हैं कि बिना किसी महामारी के भी उस बीमारी का खौफ पैदा हो जाता है जैसा इबोला को लेकर इंग्लैंड में पैदा हो गया था। ऐसे ही इसका उल्टा भी हो सकता है। हमें कुछ इंतजार करना होगा... खौफ खत्म होने तक ही कोई बीमारी महामारी होती है।

* चिकित्सा इतिहासकार बताते हैं यह बहुत पुख्ता रूप से संभव है कि चिकित्सा विज्ञान की दृष्टि से नहीं, सामाजिक दृष्टि से ही कोरोना महामारी का अंत होगा। सम्भव है कोरोना संक्रमण फैलता रहे... तमाम मरीज जान भी गँवायें

मगर लोग लॉकडाउन के प्रतिबंधों और शारीरिक दूरी के नियम से ऊब जायेंगे। इस बात के पुख्ता सबूत मिल रहे हैं कि लोग बेचैन हो रहे हैं। येल यूनिवर्सिटी की चिकित्सा इतिहासकार नाओमी रोजर्स कहती हैं कि लोग मानसिक रूप से ऊब चुके हैं और परेशान हैं... यह अब कभी भी हो सकता है कि आम लोग कहने लगे कि बहुत हो चुका हमें अपनी सामान्य दिनचर्या में लौटना है, यही महामारी का अंत होगा।

∗   लॉकडाउन में ढील मिलने के बाद लापरवाही न करें-

हाथ धोना न भूलें क्योंकि वायरस यहीं से अपना शिकार बना सकता है,

ध्यान रहे जूतों में भी वायरस चिपक सकता है इसलिए काम से वापस लौटने के बाद जूते को अलग रखें हो सके तो उसके सोल को डिसइनफेक्ट में डुबोने के बाद ही पहनें, छोटे बच्चों को जूतों से दूर रखें।

मास्क का प्रयोग करें,

ऑफिस में खाना शेयर ना करें, घर से बना खाना ही लेकर जायें बाहर का खाना और पैक्ड फूड खाने से जितना बचेंगे उतना बेहतर होगा।

16 मई 2020

∗   सुप्रभात।

∗   आज वित्त मंत्री निर्मला सीतारमण ने किसान को बेड़ियों से मुक्त कर दिया। उन्होंने कह दिया कि किसान अब किसी भी राज्य में अपनी फसल बेच सकते हैं। 10,000 करोड़ सूक्ष्म खाद्य प्रसंस्करण इकाइयों के विकास के लिए, 13000 करोड़ पशुधन को स्वस्थ रखने के लिए तथा 15 हजार करोड़ डेयरी क्षेत्र के विकास के लिए देने का ऐलान कर दिया, 20000 करोड़ मछली पालन के लिए, 4000 करोड़ जड़ी-बूटियों की खेती करने के लिए दिया जायेगा।

∗   कल रात भी उत्तर प्रदेश और मध्य प्रदेश में सड़क दुर्घटनाओं में अनेक मजदूरों की मृत्यु हो गयी। अभी प्रवासी मजदूरों की मुश्किलें कम नहीं हो रही हैं।

∗   आज संक्रमितों की संख्या में भारत, चीन से आगे निकल गया है।

आज दोपहर 12:00 बजे तक कोरोना मीटर देखें तो ज्ञात होगा 4628549 संक्रमित लोग पूरे विश्व में पाये जा चुके हैं, 308645 लोगों की मृत्यु हो चुकी है तथा 1758041 लोग स्वस्थ हो चुके हैं।

अमेरिका में 1457593 लोग अब तक संक्रमित पाये जा चुके हैं, 86912 लोगों की मृत्यु हो चुकी है तथा 318027 लोग स्वस्थ हो गये हैं।

भारत में अब तक कुल संक्रमितों की संख्या 85947 पहुँच गयी है, 2753 लोगों की मौत हो चुकी है तथा 30263 लोग ठीक हो चुके हैं।

महाराष्ट्र में स्थिति अभी भी काबू में नहीं आ पा रही यहाँ अब तक 29100 लोग संक्रमित मिल चुके हैं तथा 1068 लोगों की मृत्यु हो चुकी है।

उत्तर प्रदेश में संख्या 4057 हो गयी है 125 लोग मौत के मुँह में जा चुके हैं तथा 2734 लोग ठीक हो गये हैं। आगरा में अब संक्रमितों की संख्या 794 तक पहुँच गयी है। अलीगढ़ में 66 तथा हाथरस में 20 संक्रमित पाये जा चुके हैं।

*   अभी तक साँस, मुँह और नाक से निकलने वाली ड्रॉपलेट व थूक से ही कोरोना वायरस का खतरा माना जाता था, लेकिन इस वायरस ने धीरे-धीरे लोगों को संक्रमित करने का रास्ता बदल दिया है। यह शरीर के किसी भी हिस्से को प्रभावित कर सकता है यहाँ तक कि माँ का गर्भ भी। ऐसा ही मामला मोतीलाल नेहरू मेडिकल कॉलेज प्रयागराज के एसआरएन अस्पताल में आया। कोरोना संक्रमित माँ ने बच्ची को जन्म दिया, वह संक्रमित मिली; इससे डॉक्टर भी हैरान हैं। इसकी प्रामाणिकता जानने के लिए स्त्री एवं प्रसूति रोग विभाग की अध्यक्ष डॉ. अमृता चौरसिया ने रिसर्च के लिए इसे केस स्टडी के रूप में लिया। प्रतापगढ़ की कोरोना संक्रमित गर्भवती महिला का प्रसव 12 मई को यहाँ कराया गया। आई.सी.एम.आर. की गाइडलाइन का पालन करते हुए डॉक्टर की टीम ने प्रसव कराया। जन्म के तत्काल बाद ही नवजात बच्ची को ओटी से हटाकर सरोजिनी नायडू चिल्ड्रन हॉस्पिटल में रखा गया, क्योंकि माँ कोरोना संक्रमित थी इसलिए नवजात का सैम्पल भी जाँच के लिए भेजा गया।

*   आज दिल्ली के सरिता विहार इलाके में सड़क के किनारे एक चीते को आराम से सोता हुआ देखा गया। यह स्थान श्री अशोक चक्रधर जी के आवास से लगभग 200 मीटर दूर था।

17 मई 2020

* सुप्रभात।

* आज लॉकडाउन-03 का अंतिम दिन है। कल से अनेक क्षेत्रों को छूट मिलने की सम्भावना है। उत्तर प्रदेश में सरकार के लक्षण लॉकडाउन को बढ़ाने के समर्थन में दिखायी दे रहे हैं। इसे 31 मई तक करने का विचार बन रहा है लेकिन अभी स्पष्ट नहीं है। योगी जी को केंद्र की गाइडलाइंस का इंतजार है।

* आज से उत्तर प्रदेश में बिना मास्क के बाहर निकलने पर सार्वजनिक स्थल पर थूकने पर और दुपहिया वाहन पर दो व्यक्ति के बैठने पर 100 से रुपये 1000 का जुर्माना लगाया जायेगा।

* वित्तमंत्री निर्मला सीतारमण ने तीसरी किस्त की घोषणा कर दी है। रक्षा क्षेत्र में नये युग के सूत्रपात के लिए मैन्युफैक्चरिंग के लिए एफडीआई की सीमा 49 से 74 फीसदी कर दी गयी है। 50000 करोड़ का निवेश कोयला सेक्टर में इंफ्रास्ट्रक्चर सुधार के लिए होगा।

* आज कोरोना मीटर को देखें तो विश्व में अब तक संक्रमितों की संख्या 4721890 हो गयी है, 313263 लोगों की मृत्यु हो चुकी है तथा 1812189 लोग ठीक हो गये हैं।

अमेरिका में अब तक संक्रमितों की संख्या 1507773 हो चुकी है, 90113 लोगों की मृत्यु हो चुकी है तथा 339232 लोग स्वस्थ हो गये हैं।

भारत में अब तक 90813 संक्रमितों की संख्या हो गयी है, 2875 लोगों की मृत्यु तथा 34271 लोग स्वस्थ हो गये हैं।

महाराष्ट्र में संख्या 30706 तक हो चुकी है, 1135 लोग मौत के मुँह में जा चुके हैं।

उत्तर प्रदेश में संक्रमितों की संख्या 4258 तक पहुँच गयी है, 104 लोगों की मृत्यु एवं 2441 लोग ठीक हो गये है। आगरा में संख्या 806 हो गयी है तथा 27 लोगों की मृत्यु हो चुकी है।

* कल बरेली के एक मजदूर ने एनसीआर के एक व्यक्ति के घर बाहर रखी साइकिल को चुरा लिया और एक पत्र लिखकर छोड़ दिया कि मेरा बच्चा छोटा

है, वह बहुत दूर पैदल नहीं चल सकता, उसके लिए यह साइकिल चुरा रहा हूँ, मुझे बरेली के पास के एक गाँव में पहुँचना है... मैं आपका अपराधी हूँ लेकिन मजबूरी में ऐसा कर रहा हूँ। पत्र पढ़कर साइकिल मालिक का हृदय क्रोध के स्थान पर करुणा से भर गया। इस स्थिति पर वेद प्रकाश की कुछ पंक्तियाँ देखिए-

वो एक साइकिल जो मैं चुराके लाया था
मैं आज तक उससे नज़रें चुराता हूँ
मुस्कुराता हूँ आइने के सामने जाकर
मैं आइने को झूठ बोलना सिखाता हूँ

*   कल इटावा कानपुर हाईवे पर औरैया के पास ट्राला और डीसीएम की टक्कर से 26 प्रवासी मजदूरों की मौत हो गयी, 37 घायल हो गये। इनकी इस तरह आये दिन दर्दनाक मौतों से दिल अब घबराने लगा है। मुझे अपनी ही कुछ पंक्तियाँ याद आती है-

जिंदगी चलते-चलते ठहरी है,

रात लगने लगी दुपहरी है।

लोग पत्थर के आगे रोते हैं,

क्योंकि इंसानियत तो बहरी है।।

*   दुनिया को अजीब-सी सिहरन, डर और तनाव में लॉक कर देने वाले कोरोना का एक सकारात्मक पहलू भी सामने आया है। यह आम लोगों को अवसाद के बीच रिश्तों की अहम्मीयत समझा गया। यह बातें सर्वे के दौरान सामने आयी हैं। कई राज्यों में हुए ऑनलाइन मनोवैज्ञानिक सर्वे में लगभग 50 फीसद लोगों ने स्वीकारा कि लॉकडाउन में जहाँ पति-पत्नी का रिश्ता प्रगाढ़ हुआ वहीं बच्चों को भी माता-पिता से ढेर सारा प्यार मिला। घर के बुजुर्गों में भी अकेलेपन का एहसास कम हुआ है।

18 मई 2020

लॉकडाउन-03 के बाद सरकार ने आज लॉकडाउन-04 की घोषणा कर

दी। कारण यही है कि स्थिति को नियंत्रण में भी रखना है और जीवन का पहिया भी चलाना है। लेकिन इस लॉकडाउन-4 में केंद्र सरकार ने सारी जिम्मेदारी राज्य सरकारों पर डाल दी और उन्हें निर्देश दे दिया कि वह अपने हिसाब से कोरोना पर नियंत्रण करें। केंद्रीय स्वास्थ्य मंत्रालय की ओर जारी दिशा-निर्देश के अनुसार अब 3 ज़ोन के स्थान पर 5 ज़ोन बनाये जायेंगे जिला प्रशासन कंटेनमेंट तथा बफर जोन भी चिह्नित कर कोरोना को फैलने से रोकने का उपाय करे। इस लॉकडाउन में सभी घरेलू और अंतरराष्ट्रीय उड़ानों पर रोक, ट्रेन, स्कूल, कॉलेज, होटल, रेस्टोरेंट अभी बंद रहेंगे। राज्यों की परस्पर सहमति से ही अंतरराज्यीय बसें शुरू की जा सकती हैं। सभी धार्मिक कार्यक्रम प्रार्थना, सामाजिक, राजनैतिक कार्यक्रमों पर रोक रहेगी। आज विश्व में 4804846 अमेरिका में 1527664, भारत में 96169 संक्रमितों की संख्या हो गयी है।

19 मई 2020

आज अनेक राज्यों ने बहुत सारी छूटों के साथ लॉकडाउन-04 को लागू कर दिया। दिल्ली और उत्तर प्रदेश सीमा को भी खोल दिया गया, उत्तर प्रदेश के अनेक आद्योगिक कारखानों को खोल दिया गया। मास्क की अनिवार्यता को सोशल डिस्टेंसिंग तथा सैनिटाइजर के साथ कोरोना से लड़ना पड़ेगा और जिंदगी का पहिया भी चलाना पड़ेगा। दिल्ली में तो ओला उबर 2 सवारियों के साथ, ऑटो एक सवारी के साथ, बाइक एक सवारी के साथ, सिटी बस 20 सवारियों के साथ चलेंगी। दुकानें ऑड-इवन के हिसाब से खुलेंगी। मॉल, स्विमिंग पूल, सिनेमाघर अभी नहीं खुलेंगे। अभी स्कूल कॉलेज भी बंद रहेंगे। बाजार व सड़कों पर रौनक लौटानी होगी। कोरोना को हमें अपनी जिंदगी का हिस्सा मानकर जीना पड़ेगा। आज छोटे बेटे के भी ऑफिस से बुलावा आने के कारण उसे ग़ाज़ियाबाद छोड़कर आया हूँ।

आज संसार में 4894071, अमेरिका में 1550294, भारत में 11139 संक्रमित लोगों की संख्या हो गयी है।

20 मई 2020

उत्तर प्रदेश सरकार और काँग्रेस सरकार के बीच बसों को लेकर पूरे दिन रस्साकशी चलती रही। दोनों एक-दूसरे पर आरोप-प्रत्यारोप करते रहे। इन दोनों के बीच बेचारा श्रमिक शाम तक पिसता रहा। कल गाजियाबाद जाने के लिए मुझे किसी अनुमति-पत्र की आवश्यकता नहीं हुई। रास्ते में ट्रैफिक भी भरपूर मिला। लोगों की आवाजाही खूब दिखी, लेकिन रास्ते के ढाबे, रेस्टोरेंट, होटल अभी बंद दिखे, इक्का-दुक्का ही खुले मिले। धीमे-धीमे पुरानी स्थितियाँ सामान्य होंगी। लेकिन ये तो तय है कि कोरोना के साथ ही जीना पड़ेगा। जैसे लोग एचआईवी इन्फ्लूएंजा, टीबी के साथ आज तक जी रहे हैं, वैसे ही अब सम्पूर्ण सावधानियों के साथ कोरोना के साथ जिंदगी बितानी पड़ेगी। मेरे नगर के बाजार की दुकानें भी ऑड-इवन की तर्ज पर खुलेंगीं। कुछ दुकानें सोम बुध शुक्र को तो कुछ मंगल गुरु और शनि को खुलेंगी, जिससे बाजार में भीड़ बहुत अधिक न दिखायी दे। विश्व समुदाय में चीन अलग-थलग पड़ता दिखायी दे रहा है और इसके कारण डब्ल्यूएचओ की शुचिता भी संदेह के दायरे में आकर खड़ी हो गयी है।

आज विश्व में 4989061, अमेरिका में 1570583, भारत में 106750 तथा उत्तर प्रदेश में 4926 संक्रमितों की संख्या हो गयी है।

लॉकडाउन का
रोज़नामचा

लॉकडाउन

4

21 मई 2020

देश की रौनक जो चली गयी थी वह पुनः लौटे इसलिए सरकार 25 मई से घरेलू उड़ानें भी पूरे एहतियात के साथ शुरू करने जा रही है। लॉकडाउन में बोर्ड परीक्षाएँ वह भी सशर्त कराने की इजाजत सरकार ने दे दी है और यह भी कह दिया है, यह परीक्षाएं स्व केंद्रित होंगी। ग्रीन व ऑरेंज जोन उनकी सभी अदालतें भी खुलने जा रही हैं। सुनवायीं 22 मई से आरम्भ हो जायेगी। रेलवे स्टेशन की दुकानें खोलने का निर्देश भी दे दिया गया है भले ही अभी सीमित आवाजाही है। भारत ने ऐलान कर दिया है कि वह अब कोरोना के 30 लाख मरीजों का एक साथ इलाज करने के लिए तैयार है। पिछले 2 महीनों में भारत ने इस दिशा में मजबूत तैयारी की है। छोटे बच्चे छुट्टियों में नानी के घर चले जाते थे, लॉकडाउन खत्म होने के बाद वह भी जा सकेंगे। अनुपम खेर का ट्वीट-‘‘बीते 2 महीनों से घर पर ही हूँ, इन दिनों जिंदगी ने मुझे अहम सबक सिखाया है... असाधारण समय में साधारण तरीके से रहना, प्रकृति के समक्ष हमेशा झुके रहना, संयम एवं दया भाव ही सबसे बड़ी सम्पत्ति है।’’ आज विश्व में 5089935 अमेरिका में 1593039 भारत में 112359 तथा उत्तर प्रदेश में 5175 संक्रमितों की संख्या हो गयी है।

22 मई 2020

उत्तर प्रदेश में हर सप्ताह अब मरीजों के ठीक होने की रफ्तार बढ़ रही है। घरेलू उड़ानों के लिए हरी झण्डी मिल गयी है। 25 मई से इनकी आवाजाही भी शुरू हो जायेगी। आज से इनकी टिकट बुकिंग शुरू हो जायेगी। इनका किराया भी तय हो गया है। हर एयरलाइन को 40 फीसद सीटें सस्ती देनी होंगी। 1 जून से ट्रेनों की आवाजाही भी शुरू हो रही है, उनकी बुकिंग भी शुरू कर दी गयी है। ईद आने वाली है, सरकार ने ईद की नमाज घर में ही अदा करने के निर्देश दिये हैं। जो प्रवासी मजदूर उत्तर प्रदेश में लौट आये हैं उनके लिए रोजगार की राह निकालने में उत्तर प्रदेश सरकार जुट गयी है। अगर ऐसा होना सफल हो गया तो प्रदेश की

श्रमिक सम्पदा पलायन से बच जायेगी। इसके लिए एक करोड़ मजदूरों का डाटा जुटाने की तैयारी चल रही है। हाथरस के चारों हॉटस्पॉट समाप्त हो गये हैं, अब कल से बाजार में भी रौनक लौटने लगेगी। आज विश्व में 5194574 अमेरिका में 1620902 भारत 118447 तथा उत्तर प्रदेश में 5515 संक्रमितों की संख्या हो गयी है

23 मई 2020

मुसीबतों के मारे पाकिस्तान में कल मुसीबत का एक और पहाड़ टूट गया। कराची के रिहायशी इलाके में पाकिस्तान का एक यात्री विमान दुर्घटनाग्रस्त हो गया। कुल 107 लोग सवार थे। 100 से अधिक के मरने की सूचना है। उत्तर प्रदेश सरकार ने 6 माह तक राज्य में सभी हड़ताल पर रोक लगा दी है। उत्तर प्रदेश में 1 सप्ताह में संक्रमित मरीज ठीक हो रहे हैं। डॉक्टरों ने दावा किया है अच्छी इम्युनिटी के मरीजों में एक हफ्ते में बन जाती है एंटीबॉडी। पौष्टिक खानपान व सकारात्मकता से हार रहा है कोरोना। हाथरस नगर पालिका अध्यक्ष ने आरोग्य सेतु एप डाउनलोड न करने पर रुपये 250 जुमाने का निर्णय लिया है, खुशी की बात यह है कि जिले में 40 कोरोना संक्रमित लोगों की कल नेगेटिव रिपोर्ट आ गयी इसलिए सभी हॉट स्पॉट खत्म कर दिये गये हैं बाजारों में रौनक लौट आयी है। अलीगढ़ मण्डल में 6 और कोरोना अस्पताल तैयार हो गये हैं, इनमें अलीगढ़ में 3 तथा हाथरस, एटा, कासगंज में एक-एक अस्पताल बनाया गया है। डॉ. हर्षवर्धन डब्लू एच ओ बोर्ड के चेयरमैन बन गये हैं।

आज पूरे विश्व में 5304340, अमेरिका में 1645094, भारत में 125101 तथा उत्तर प्रदेश में 5735 संक्रमित मरीजों की संख्या हो गयी है।

24 मई 2020

नागरिक उड्डयन मंत्री श्री हरदीप सिंह पुरी ने कल से घरेलू तथा अगस्त से

पहले अंतरराष्ट्रीय उड़ानें शुरू करने की घोषणा की है। पहले जहाँ 33 प्रतिशत कर्मचारियों की उपस्थिति से सरकारी ऑफिस चल रहे थे, अब 50 प्रतिशत कर्मचारी दफ्तर आया करेंगे। कुछ राज्यों में आज से ब्यूटीपार्लर और सैलून खुलने लगेंगे, लेकिन पूरे एहतियात के साथ, सरकारी गाइडलाइंस के साथ। आज कोरोना ने ट्रेन को भी भटका दिया जो श्रमिक ट्रेन मुम्बई से गोरखपुर जानी थी वह ट्रेन राउरकेला पहुँच गयी। गुरुग्राम से अपने दिव्यांग पिता को साइकिल पर बिठाकर दरभंगा बिहार पहुँची ज्योति के इस साहसी कदम की सर्वत्र सराहना हो रही है, अमेरिकी राष्ट्रपति ट्रम्प की बेटी भी ज्योति की मुरीद हो गयी है।

आज विश्व में 5408185, अमेरिका में 1666828, भारत में 131868 तथा उत्तर प्रदेश में 6017 लोग संक्रमित लोगों की संख्या हो गयी है।

25 मई 2020

आज ईद है। सभी मुस्लिम भाइयों ने अपनी अपने घर पर ही नमाज अदा की है। ऐसी फीकी ईद पहली बार देखी गयी जिसमें कोई उत्साह नहीं था। मक्का तक में अकेले इमाम ने नमाज पढ़ी। आज भी एक ट्रेन अपना रास्ता भटक गयी, गोवा से बलिया जाने वाली ट्रेन नागपुर पहुँच गयी।

उत्तर प्रदेश में प्रवासी श्रमिक और कामगारों के लिए रोजगार और सामाजिक सुरक्षा सुनिश्चित करने के लिए आयोग बनेगा। रेल और हवाई यात्राओं से उतरने वाले प्रत्येक यात्री को 14 दिन का होम क्वारन्टीन अनिवार्य होगा। आज से हवाई यात्राएँ शुरू कर दी गयी हैं। साइकिल पर अपने पिता को ले जाने वाली साहसी ज्योति के नाम पर आज डाक टिकट भी जारी किया गया। एन95 मास्क पहनकर व्यायाम करने से या दौड़ने से शरीर को नुकसान हो सकता है, कई शोधों से बात सामने आयी है।

आज विश्व में कुल 5502512, अमेरिका में 1686436, भारत में 138845 तथा उत्तर प्रदेश में 6268 संक्रमितों की संख्या हो गयी है।

26 मई 2020

कल 532 विमानों ने उड़ान भरी, 39231 लोगों ने सफर किया तथा 630 उड़ानें रद्द करनी पड़ीं। उत्तर प्रदेश राज्य परिवहन ने राज्य में बसों के संचालन के भी संकेत दे दिये हैं। पहले ग्रीन जोन से ग्रीन जोन बसें चलाने का संकेत है तथा 30 मई से 30 से अधिक सवारियाँ न बैठायी जायँ इस बात का ध्यान रखा जायेगा। इतने दिनों से ठप पड़ी हुई स्वास्थ्य सेवाएँ भी शीघ्र शुरू कर दी जायेंगी जिसमें रेबीज टीकाकरण, टीवी की जांच व उपचार, एचआईवी की जाँच व उपचार, गर्भवती महिलाओं की जांच व उपचार इत्यादि सभी ओपीडी शुरू करने की योजना है। अमेरिका में ब्राजील से आने वाले यात्रियों पर प्रतिबंध लगा दिया गया है। कोरोना के कारण जापान में लगाया हुआ आपातकाल हटा दिया गया है। अब चीन भी भारत में फँसे अपने नागरिकों को निकालना चाहता है क्योंकि भारत में अब संक्रमण बढ़ता जा रहा है इस समय संक्रमण का संख्या के हिसाब से विश्व मे भारत का स्थान दसवाँ हो गया है।

आज पूरे विश्व में संक्रमितों की संख्या 5590323, अमेरिका में 1706226, भारत में 145380 तथा उत्तर प्रदेश में 6532 हो गयी है।

27 मई 2020

2 दिन से गर्मी चरम पर है, दिल्ली में तो 18 साल का रिकॉर्ड टूटा है 45.5 डिग्री पारा पहुँच गया। तबलीगी जमाती 20 देशों से आये थे, 82 लोगों के खिलाफ चार्जशीट दाखिल कर दी गयी है। 700 लोगों के पासपोर्ट जब्त कर लिये गये हैं, सभी ने वीजा नियमों का उल्लंघन किया था। 1 जून से रोडवेज बसें चलने लगेंगी, लेकिन हाथरस डिपो की गाइडलाइन में बिना मास्क के यात्रियों को बस स्टैंड में नहीं घुसने दिया जायेगा। डब्ल्यूएचओ ने कहा है जहाँ संक्रमण खत्म हो गया है वहाँ एक बार फिर लहर मार सकता है। दुनिया में सार्वजनिक मौतों के अन्य कारण भी हैं। सबसे बड़े तीन कारणों में हृदय रोग, कैंसर तथा श्वसन सम्बंधी रोग है। हृदय रोग से औसतन 48000 से ज्यादा लोग मारे जाते हैं।

आज विश्व में 5684803, अमेरिका में 1725275, भारत में 151767 तथा उत्तर प्रदेश में 6548 संक्रमितों की संख्या हो गयी है।

28 मई 2020

उत्तर प्रदेश सरकार ने घोषणा कर दी है कि वह 7.5 लाख श्रमिकों को उनकी योग्यता के अनुसार रोजगार देगी। कर्नाटक में 1 जून से मंदिर-मस्जिद और चर्च भी खुल सकते हैं। सुप्रीम कोर्ट ने कहा है निजी अस्पताल कौड़ियों के भाव में जमीन सरकार से ले सकते हैं तो मुफ्त में इलाज क्यों नहीं कर सकते। लॉकडाउन के पाँचवें चरण में सरकार खाका तैयार कर रही है। देश के 11 शहरों में कुल संक्रमितों का 70 फ़ीसदी है, इनमें दिल्ली, मुंबई अहमदाबाद चेन्नई ठाणे, इंदौर, पुणे, बेंगलुरु, कोलकाता, जयपुर, सूरत शामिल हैं। ऐसे में सरकार इन शहरों में सख्ती बढ़ा सकती है, शेष भारत के कंटेनमेंट ज़ोन को छोड़कर अन्य हिस्सों में धार्मिक स्थल, बार, जिम, सैलून खोल दिये जायें। इन इलाकों में सामाजिक दूरी तथा मास्क की अनिवार्यता बहुत आवश्यक है। आज विश्व में 5790103, अमेरिका में 1745803, भारत में 158333 तथा उत्तर प्रदेश में 6991 संक्रमितों की संख्या हो गयी है।

29 मई 2020

लॉकडाउन 05 की तैयारी शुरू हो गयी है। कोरोना युद्ध के साथ-साथ भारत को कई मोर्चों पर युद्ध लड़ना पड़ रहा है। पाकिस्तान ने पुलवामा जैसी साजिश फिर रची। हमारे जासूस तंत्र और सुरक्षा बल ने यह साजिश नाकाम कर दी। एक कार में रखे शक्तिशाली बारूद को उड़ा दिया। अगर यह साजिश सफल हो जाती तो लगभग 450 जवान शहीद हो जाते। जिन मजदूरों को रेल भी नसीब नहीं हो रही थी उन कुछ राँची के मजदूरों को हवाई जहाज से मुम्बई से

राँची बुला लिया गया, इसके लिए चार्टर्ड प्लेन के किराये हेतु एन एल एस के छात्रों ने 11 लाख रूपये इकट्ठे करके विस्तारा एयरलाइंस को दिये। उत्तर प्रदेश के मुख्यमंत्री ने कहा है यूपी में कितने मजदूर हैं इसका पूरा हिसाब रखेगी सरकार। पहले हमारे पास पूरा ब्योरा नहीं था इसलिए दूसरे राज्यों से लाने में इतनी परेशानी हुई। जिस श्रमिक को यूपी में आना है वह इसी माह आ जायँ, अब वापस लाने का अभियान बंद होने जा रहा है। अब तक यूपी में 27 लाख मजदूर वापस आ गये हैं।

आज विश्व में 5909003, अमेरिका में 1768461, भारत में 165799 तथा यूपी में 7170 संक्रमित मरीजों की संख्या हो गयी है।

30 मई 2020

मोदी सरकार के दूसरे कार्यकाल का एक साल पूरा होने पर मोदी जी ने देश की जनता के नाम एक पत्र लिखा, उसमें मुख्य रूप से कहा गया है कि हम कोरोना को भारत में उस तरह से फैलने में रोकने में सफल रहे जैसी आशंका थी। अर्थव्यवस्था को पटरी पर लाने में दुनिया के सामने सबसे बड़ी चुनौती है। देश असुविधा को आफत न माने, आपदा से किसी देश का भविष्य तय नहीं होता। पांचवें लॉकडाउन में रेल सेवा शुरू की जा सकती है, अंतरराज्यीय बस सेवा शुरू की जा सकती है बाजारों के खुलने का समय बढ़ाया जा सकता है। मॉल सिनेमा, होटल रेस्टोरेंट, स्विमिंग पूल अभी शायद नहीं खुल पायेंगे तथा स्कूलों को खोलने का भी अभी कोई विचार नहीं है। सोनू सूद की तर्ज पर अमिताभ बच्चन ने भी मजदूरों को घर भेजने के लिए बसों का इंतजाम किया। उत्तर प्रदेश और बिहार में श्रमिकों के कारण संक्रमण फैलने में वृद्धि हुई है। अमेरिका ने डब्ल्यूएचओ से सभी सम्बंध खत्म करने की घोषणा कर दी है।

आज विश्व में 6033814, अमेरिका में 1793530, भारत में 173763 तथा उत्तर प्रदेश में 7170 कोरोना संक्रमितों हो चुके हैं।

31 मई 2020

आज लॉकडाउन-04 का अंतिम दिन है। अब 1 जून से देश के शेष ताले खुल जायेंगे। जो भी पाबंदियाँ होंगी सिर्फ कंटेनमेंट जोन में होंगी। 8 जून से धार्मिक स्थल, होटल, रेस्टोरेंट तथा शॉपिंग मॉल भी खुल जायेंगे 68 दिनों के इस लॉकडाउन में जो दिशा निर्देश जारी किये गये हैं उनमें जहाँ तक संभव हो सके वर्क फ्रॉम होम लागू किया जाये। दफ्तरों, कार्य स्थलों, दुकानों, बाजारों, उद्योगों और वाणिज्यिक संस्थानों में बिजनेस ऑवर का पालन हो। कर्मचारियों की थर्मल स्क्रीनिंग, हाथ धोने तथा गेट पर हैंड सैनिटाइजर की व्यवस्था हो। सार्वजनिक स्थलों पर सफर के दौरान मास्क या चेहरा ढँकना अनिवार्य है। 6 फुट की दूरी, सार्वजनिक सभाओं पर रोक, शादी में 50 तथा अंतिम संस्कार में 20 से अधिक लोगों पर पाबंदी, सार्वजनिक जगहों पर शराब पीने गुटखा और तंबाकू खाने पर रोक। 1 जून के बाद बिना पास के लोग कहीं भी जा सकेंगे गृह मंत्रालय ने सभी से आरोग्य सेतु लोड करने का आग्रह किया है।

आज दोपहर 12:00 बजे तक पूरे विश्व में 6160295, अमेरिका में 1816820 तथा भारत में 182490 संक्रमितों की संख्या पहुँच गयी है। भारत के सभी राज्यों में अलग-अलग स्थितियाँ इस प्रकार हैं-

अंडमान निकोबार   -   33

आंध्र प्रदेश   -   3461

अरुणाचल प्रदेश   -   4

आसाम   -   1217

बिहार   -   3565

चंडीगढ़   -   289

छत्तीसगढ़   -   447

दादर नगर हवेली   -   2

दिल्ली   -   18549

गोवा   -   70

गुजरात - 16356
हरियाणा - 1923
हिमाचल प्रदेश - 313
जम्मू कश्मीर - 2341
झारखंड - 563
कर्नाटक - 2922
केरल - 1209
लद्दाख - 77
मध्य प्रदेश - 7891
महाराष्ट्र - 64168
मणिपुर - 62
मेघालय - 27
मिजोरम - 1
नागालैंड - 43
उड़ीसा - 1948
पांडिचेरी - 57
पंजाब - 2233
राजस्थान - 8693
सिक्किम - 1
State unassigned - 5491
तमिलनाडु - 21184
तेलंगाना - 2499
त्रिपुरा - 271
उत्तर प्रदेश - 7701
उत्तराखंड - 749
वेस्ट बंगाल - 5130

अब तक भारत में 5186 मृत्यु हुईं हैं तथा 86970 संक्रमित स्वस्थ हो गये हैं।

पूरा लॉकडाउन संक्षेप में

लॉकडाउन-01

25 मार्च से 14 अप्रैल तक 21 दिन तक चला। इस दौरान सिर्फ जरूरी सामान की दुकानें खोलने की इजाजत दी गयी थी।

लॉकडाउन-02

15 अप्रैल से 3 मई तक 19 दिन का रहा। हॉटस्पॉट को छोड़कर ऑरेंज और ग्रीन जोन में दुकानें खोलने की अनुमति दी गयी।

लॉकडाउन-03

4 मई से 17 मई तक 12 दिन चला। ऑरेंज और ग्रीन जोन में दुकानें खुली, प्रवासी श्रमिकों के लिए ट्रेन और बसें चली, वंदे भारत और समुद्र सेतु मिशन के जरिए विदेश में फँसे भारतीयों की वापसी शुरू हुई।

लॉकडाउन-04

18 मई से 31 मई तक रहा रेड, ऑरेंज, और ग्रीन जोन तय करने के अधिकार राज्यों को मिले, राज्य के अंदर बसें चलाने की शुरुआत हुई शॉपिंग मॉल के अलावा बाकी दुकानें खुली, वहीं 25 मई से घरेलू उड़ानें भी शुरु कर दी गयीं।